Tinha um tsunami no caminho

Deborah Telesio &
Marie Felice Weinberg

© 2024 Deborah Telesio e Marie Felice Weinberg
© 2024 DBA Editora
1ª edição

PREPARAÇÃO
Laura Folgueira

REVISÃO
Paula Queiroz
Franciane Batagin Ribeiro

ASSISTENTE EDITORIAL
Nataly Callai

DIAGRAMAÇÃO
Letícia Pestana

CAPA
Betina Hakim

IMAGEM DA CAPA
Shutterstock @marukopum

Impresso no Brasil/Printed in Brazil

Todos os direitos reservados à DBA Editora.
Alameda Franca, 1185, cj 31
01422-005 — São Paulo — SP
www.dbaeditora.com.br

Dados Internacionais de Catalogação na Publicação (cip)
(Câmara Brasileira do Livro, sp, Brasil)

Telesio, Deborah
Tinha um tsunami no caminho / Deborah Telesio,
Marie Felice Weinberg. -- 1. ed. --São Paulo : DBA Editora, 2024.
ISBN 978-65-5826-086-8
1. Amizade entre mulheres 2. Experiências de vida 3. Férias
4. Mulheres - Autobiografia 5. Relatos de viagens
6. Superação - Histórias de vida 7. Tailândia - Descrição e viagens
8. Telesio, Deborah 9. Weinberg, Marie Felice
I. Weinberg, Marie Felice. II. Título.
CDD-920.72 24-212682

Índices para catálogo sistemático:
1. Mulheres : Autobiografia 920.72
Aline Graziele Benitez - Bibliotecária - CRB-1/3129

Prólogo
O impulso

Há vinte anos, sobrevivemos ao tsunami que devastou a Ásia.

Contamos a nossa história em público pela primeira vez em 2009, ao aceitarmos depor para o documentário educativo *Percepção de risco: a descoberta de um novo olhar*, de Sandra Alves e Vera Longo. Apresentado em escolas, o filme focava a prevenção de tragédias naturais, e ficamos felizes por contribuir com essa causa, embora a ferida ainda fosse muito recente.

Até ali, já tínhamos escutado inúmeras sugestões de que devíamos escrever, palestrar, compartilhar mais este relato, mas as oportunidades costumavam aparecer somente em conversas. A inspiração para contar nossa experiência em um livro veio no início da pandemia de Covid-19, quando uma amiga convidou a Deborah para uma live sobre eventuais mudanças em suas habilidades de liderança ao ter vivido aquela tragédia. Rapidamente o depoimento teve desdobramentos e gerou curiosidade.

Percebemos que, ao compartilhar esse momento de sobrevivência improvável, de limite extremo, de quase morte, de tragédia coletiva, mas, também, de resiliência, poderíamos contribuir para que as pessoas lidassem com as próprias dificuldades.

Para nós, a possibilidade da outra perder a vida era avassaladora. Sorte daqueles que possuem a sabedoria de não precisar encarar a morte para se dar conta da vida. O que passamos foi um evento de proporções bíblicas, que tomamos como uma nova chance e que trouxe uma tremenda responsabilidade. Até hoje, pensamos nos que não resistiram, nas histórias interrompidas, nos que buscavam sobreviventes, nos que morreram. Honramos as famílias que vimos chorar suas perdas. Cada uma de nós, separadas por alguns dias, que pareciam horas intermináveis, perambulava em completo desatino pela provável perda vital.

Será que nossa amizade, já especial por tantos anos juntas, foi o que permitiu o nosso reencontro? Aos poucos, nossa alegria conseguiu romper as defesas erguidas como consequência das dores vivenciadas. Redescobrimos o riso solto tal qual a embriaguez de adolescente ousa despertar e fomos amolecendo sem medo de sermos frágeis. Num impulso, ainda com a ferida cicatrizando, resolvemos revisitar as fotos, as anotações, talvez reviver as dores e — por que não? — nos curar um pouco mais. E tomamos coragem de escrever este livro a quatro mãos.

Destino: férias
Marie Felice, Brasil, pré-Tailândia

Dezembro de 2004, mais uma viagem de férias juntas. O destino escolhido era a Ásia dos templos e da gastronomia exótica repleta de temperos, como *lemongrass* e óleo de amendoim. Mesmo sabendo da pimenta e dos insetos, decidimos incluir a Tailândia nessa jornada. A culinária sempre foi algo que nos atraiu, já que adoramos aventuras e outras culturas. Temos isso no DNA.

Eu me chamo Marie Felice, o que revela que não venho daqui. Mas sou, sim, brasileira. Meu nome veio de um navio fugindo de guerras e cheio de esperança de uma vida nova. Meu pai, judeu polonês sobrevivente do Holocausto, foi para Israel, com suas minguadas forças, lutar pela criação de um Estado ao fim de 1947. O sonho sionista já fazia parte de sua juventude e, depois dos horrores vivenciados em seu país natal, tinha passado a ser um refúgio. Essa redenção pessoal culminou ao conhecer minha mãe, expatriada durante a revolta Farhud, perpetrada pelos nazistas em Bagdá, onde vivia. Parceira tão arrojada quanto ele, ela vinha com a bagagem repleta de cheiros e gostos iraquianos.

Ao começarem os embates por fronteiras até hoje não reconhecidas, meus pais saíram de Israel. Escolheram o Velho Continente, a França, como lugar para construir o ninho. Minha mãe era formada pela escola francesa, então já falava o idioma e tinha no país alguns amigos e familiares. Tudo poderia ser mais fácil se a memória da guerra não estivesse tão fresca em meu pai, tão impregnada na sua alma sensível para os sinais de antissemitismo que ainda reinavam por lá.

Em busca de segurança e paz, deixaram-se seduzir pelo Novo Continente e seguiram a vapor cortando o oceano Atlântico. Iniciaram a jornada em Santo André, onde ficaram por uns sete ou oito anos. Cerca de três anos mais tarde, nasci e ganhei o nome da minha avó paterna, além de uma pitada de felicidade para essa simples Maria. Entendi, com o passar do tempo, que meu sorriso largo e fácil era uma forma de honrá-la.

Um ano e meio depois, veio meu irmão. O núcleo familiar foi crescendo no novo país escolhido e ganhando as cores verde e amarela. Eu aprendia o hino nacional brasileiro ao mesmo tempo em que praticava o israelense. Na convivência das batatas e cebolas polonesas com cardamomo e *curries* do Iraque, todos ampliaram seus horizontes e misturaram-se ao sabor do arroz com feijão do Brasil.

A alquimia foi passada para meus filhos, Dany e Ronnie, também encantados com essas delícias. O lugar quente perto do fogão estruturou a família que construí bem jovem com um companheiro também entusiasmado pelo novo.

A vontade de compartilhar sabores virou um atrevimento visceral e uma marca incorporada rapidamente pela Deborah depois de tantas viagens juntas: presunto Pata Negra da Espanha; pastrami dos Estados Unidos; alcachofra do Chile; sementes de papoula de Israel; noz--moscada da Escócia.

A Tailândia tinha tudo para ser mais uma experiência sensorial para nós. Os palácios e as massagens poderiam ser um presente a mais para meu corpo, que completava cinquenta anos, e a cabeça exausta e estressada de quem tinha acabado de apresentar a dissertação de mestrado.

A Deborah, por sua vez, estava com as férias vencidas e, trabalhando horas infindáveis dia a dia, merecia o descanso. Depois de mais um ano como executiva em uma multinacional, outra vez me escolhera para compartilhar esse momento. Nossa história é uma homenagem ao sentido pleno da palavra "parceria"!

Escolhemos um circuito que incluía, além da Tailândia, Cingapura e Bali, mas a primeira parada era Paris. Nada de voos sofridos; com muita tranquilidade, esticamos as pernas e fomos ao encontro de amigos para um café da manhã francês. No fim do dia, um até breve ao casal amigo, porque o rei da Tailândia nos esperava.

No voo para Bangkok, fizemos o dever de casa, estudamos o guia *Lonely Planet* e distribuímos os dias em nossas áreas de interesse: palácios e templos, jardins e suas árvores rigidamente cortadas em formato de triângulos, templos cheios de monges budistas e suas túnicas alaranjadas. A convivência harmoniosa da fé e a conversa com o sagrado em suas várias formas fazia sentido para nós — para mim, era uma lição ensinada pelo meu pai ao falar das suas cicatrizes provocadas pela intolerância.

Como parte do roteiro, iríamos à praia para descansar e colorir os olhos. No norte do país, conheceríamos as famosas mulheres-girafa e suas múltiplas argolas no pescoço, além da culinária local. E, como ninguém é de ferro, faríamos também massagens tailandesas. Em Bali, visitaríamos uma floresta em que macacos se misturavam com esculturas de rocha, ao lado dos mais diversos vasos ornamentais. Veríamos cavernas dos eremitas, templos hinduístas construídos em penhascos, surfistas aproveitando as belas ondas e aquários formados por corais. As artes e festas, hindus e budistas, aconteciam integradas à paisagem. Em Cingapura — a rica e desenvolvida "pérola do Oriente", como é chamada, ao custo de um regime totalitário e uma economia livre —, andaríamos pelos shoppings interconectados e passaríamos pelas guardas com suas luvas brancas usadas para catar papel ou folhas pelo chão e mantê-lo impecavelmente limpo.

O voo Paris–Bangkok era longo demais para uma chegada tão cheia de expectativas.

Juntas e encantadas

Deborah, Tailândia

Era mais uma das nossas viagens espetaculares. Depois de tantas idas e vindas, de ver Soweto, deserto do Atacama, Chicago, Cidade do Cabo, Buenos Aires, Florianópolis, Camburi, Pucón, Osorno, Nova York, Madri, Nairobi, San José, a vista do Kilimanjaro, os lagos Nakuru, a região dos Massais e tantas aventuras memoráveis, a Ásia era um destino sonhado.

Eu tinha 38 anos, executiva de longa data, com o nível de estresse típico daqueles que navegam pelo mundo corporativo. Sempre trabalhei intensamente, envolvida até as tampas. Mas o meu lado molinho, distraído, solto, também se faz presente — e é de onde vem minha constante vontade pelo movimento, pelo novo, pela intensidade. Minha origem é mesmo paradoxal: mãe alemã e pai italiano. Paradoxal também o meu nome, Deborah Karin, um nome judaico e outro não, assim como a minha origem de mãe judia e pai ateu. Minha mãe, sobrevivente do Holocausto, sempre foi um chão firme, responsável, regrada. Trabalhou toda a vida, muitas vezes sustentando a casa, já que meu pai, encantador, leve e afetuoso, não conseguia trazer estabilidade financeira, o que gerava muitos conflitos. Dinheiro (ou a falta dele) era protagonista nas conversas. Esse caminho duro me fez decidir internamente, ainda quando criança, que eu não queria aquilo para mim. Meu lado de quem realiza, de quem não conta com ninguém a não ser comigo mesma, vem também daí. Fui atrás de construir minha independência, mas não sem ansiar pelo leve, pelo entusiasmo, pela risada solta.

Em 2004 já seriam mais de quinze anos de amizade com Marie, minha amiga que se confunde com irmã, às vezes mãe, às vezes filha, a que abre espaço na casa dela quando não tenho onde morar e vice-versa. Companheira e testemunha de todas as reviravoltas da vida e com quem aprendi a perambular pelo mundo, pelas nossas dores e amores. Viagens dentro e fora de nós. Eu não me reconheceria se essa amizade não fosse parte de mim.

Aventureiras, compartilhamos vivências inusitadas que mais pareciam prenúncios. Muitos dizem não querer viajar conosco porque *coisas acontecem*. Sim, acontecem, mas, pelo menos até aqui, o fim foi feliz. Assim foi em Bonito, quando visitamos a Gruta do Lago Azul e fomos surpreendidas pela queda de uma estalactite que devia ter milhões de anos. Nunca algo parecido havia acontecido, segundo os guias. Por sorte, ninguém se machucou, mas as regras de visitação mudaram para sempre desde aquele evento. E a onda enorme que apareceu do nada em pleno mar do Caribe? Pequenos perrengues que nos fazem ter histórias intermináveis para contar.

Bem, marcamos as férias de fim de ano. Ter tudo planejado não parecia necessário, sabíamos apenas aonde ir:

Tailândia, Cingapura e a ilha de Bali, na Indonésia. Qual era o roteiro? Onde ficar? O que ver? Decidiríamos depois. O importante era chegar. Parecia prudente reservar a primeira noite de hotel em Bangkok, onde aterrissaríamos depois do longo voo.

Chegamos cansadas e muito ansiosas. A cidade era caótica, com trânsito desordenado de carros, motos e tuk-tuks. Iniciava a noite, mas já era possível perceber a agitação da vida noturna e avistar algumas das incríveis construções do lugar. Em frente ao hotel, fiquei surpresa ao ver um Beit Chabad, entidade judaica presente no mundo todo, mas que eu não esperava encontrar ali. Sorte, porque era época de Chanucá, a festa das luzes e dos milagres. Melhor, já que vínhamos ressabiadas depois de uma consulta de tarô sobre a viagem com Ronnie, o filho caçula da Marie, que disse que, durante nossas férias, haveria uma separação — talvez uma briga — que ocasionaria perdas, mas depois tudo daria certo.

Nossa curiosidade não permitiu que descansássemos das tantas horas de voo. Empolgadas, fomos para a rua, mas antes paramos para acender as velas de Chanucá e cumprimentamos as pessoas do lugar, familiar para nós, enquanto Marie rasgava seu hebraico. Velas acesas, preces feitas — quanta luz evocamos naquela noite! — ainda sem saber que realmente precisaríamos de milagres nos dias que viriam. Pudemos então iniciar o passeio pelas ruas lotadas de turistas e locais, cheias de barracas de comidas dos tipos mais estranhos e exóticos, que exalavam uma combinação agridoce e picante. Alguns vendiam insetos fritos no palito. Gafanhotos, larvas, escorpiões, besouros... até deviam ser crocantes, mas passamos batido. Experimentamos um típico macarrão de arroz com legumes feito no *wok*, com óleo de amendoim, e seguimos andando entusiasmadas. Eram inúmeras barracas vendendo artesanato, dobraduras, muitas e muitas cores e diferentes. Escutávamos todos os idiomas e músicas por todos os lados. Vibrante é uma palavra que bem descreve aquela primeira noite.

Em cada lugar por onde viajamos, costumamos buscar alguém para chamar de "o porteiro da cidade". Como se encontrássemos pessoas capazes de nos contar os "segredos" do lugar, os melhores passeios, as melhores dicas em cada nova cidade que visitávamos. Era nosso desejo também em Bangkok. Nesse caso, porém, nossas expectativas foram ajustadas... o porteiro da cidade acabou sendo mesmo uma agência de viagens.

Começamos explorando a cidade, com toda a sua beleza e o seu sagrado. Visitamos vários templos com Budas de todos os tamanhos e ornamentos. Assim como os fiéis, fizemos oferendas de flores e incensos. A arquitetura dos palácios impressionava por seus telhados pontiagudos usados como proteção e pelos vários detalhes em ouro. Em outro dia, fomos conhecer a feira flutuante que reunia os agricultores da região que se encontravam pelos canais que circundavam a cidade, oferecendo seus produtos em barcos. Cheia de contrastes, a cidade acomodava as casas de palafitas à beira do rio e o centro financeiro ultramoderno. Dias intensos de novidades dessa cultura asiática que nos lembrava a calidez latina.

Nosso segundo destino era Bali. Aquela era uma viagem com várias peculiaridades, e, já acomodadas no avião, ficamos estarrecidas com uma notícia sobre um alerta de atentado nos dias em que estaríamos lá. O governo australiano recomendava aos seus conterrâneos que mudassem de planos caso estivessem com viagem programada para a ilha. Nós nos entreolhamos e pensamos: teria sido interessante ler aquela mensagem *antes* de entrar no avião. Não havia mais opção de não seguir viagem, então, o jeito era rezar para que as velas de Chanucá cumprissem seu papel.

Seguimos para a cidade de Ubud e, logo ao chegar, encontramos um grupo de mulheres que dançavam para a deusa da fertilidade em roupas alaranjadas, com cestas de frutas na cabeça para oferendas. Fomos nos encantando com as delicadezas que encontrávamos em cada esquina. Dádivas em orações diárias que os moradores da região faziam em todas as portas de casas e lojas, feitas com arroz, especiarias, flores, em pequenos recipientes confeccionados com folhas de bananeira e preparados com cuidado e capricho, como uma forma de pedir e agradecer aos deuses. Os templos eram mágicos e nos surpreendiam por estarem escondidos atrás de pequenas portas e revelarem-se imponentes e harmônicos, em homenagem e reverência aos mortos das famílias. Rituais, danças, comidas, sorrisos, *pagodas* em locais de visual indescritível. E as velas de Chanucá, sim, funcionaram, já que o tal do atentado não aconteceu.

Cingapura foi nosso próximo destino. Quase futurista, a cidade misturava modernidade e bairros antigos e étnicos, que formavam pequenos guetos. A Índia era bastante protagonista, com mercados de sedas e temperos, além do templo hare krishna, com uma fachada com múltiplas esculturas intrincadas, pinturas coloridas e uma série de cúpulas por onde saíam os cânticos devocionais. Foi divertido almoçar num restaurante em que aprendemos a comer com a ponta dos dedos, sem usar talheres, como eles faziam, de modo elegante.

Outro local impressionante era o Arab Quarter, o bairro árabe, com sua mesquita de cúpula dourada lindíssima no coração da cidade. Interessante como o comércio se adapta às tantas culturas que coexistem nesse pequeno país, um verdadeiro caldeirão multicultural onde se respeitam todos os feriados importantes das várias religiões e países — Natal, Chanucá, Ano-Novo Chinês, Ramadã. Esse cuidado inclusivo nos encantou, embora soubéssemos que o interesse econômico prevalecia.

E, finalmente, chegamos à penúltima etapa da viagem, a Tailândia. Começaríamos na região entre Phuket e Krabi, com suas ilhas estonteantes, e terminaríamos no Norte, em Chiang Mai. Já sabíamos que seria mais uma viagem para jamais esquecer. E foi, não somente pelas suas belezas, mas principalmente pelas suas magias.

Alma dividida em duas?

Deborah, Brasil

Foi em 1989, com 22 anos, que conheci Marie, mulher exuberante, cheia de energia e alegria, que entrava no escritório fazendo vento. Roupas coloridas, nunca na moda. A moda era ela quem fazia. Sorriso largo, ruidoso. Os olhos, esmeraldas acesas. Intensa. Ela me instigava e me encantava ao mesmo tempo.

— Esse fim de semana vai ser o bar mitzvá do meu filho. Você não quer me ajudar a fazer as comidinhas?

Como assim? Eu mal a conhecia e ela veio com aquele sorriso me convidar no meio do expediente. Achei estranho e não fui. Não estava acostumada com esses arroubos de intensidade. Mal sabia que isso me cativaria.

Por uns dois anos, compartilhamos a mesma sala no escritório. A minha mesa era o reflexo da minha bagunça interna, como boa pisciana. Papéis, canetas — onde está mesmo aquele documento? E a dela não tinha nem pó. Nada. Tudo 100% organizado. Eu sempre quieta, discreta. Sem muitos ruídos. Sem chamar a atenção. E minha parceira de sala fazendo seu vento!

Os meses foram passando, e o espaço de trabalho ficou pequeno, mas as conversas eram mais constantes. As risadas empolgavam cada vez mais e cobriam os desafios com soluções mágicas.

Um dia, Marie precisou passar por uma cirurgia de alto risco, consequência de uma molecagem aos catorze anos, quando pulou de uma marquise e lesionou a coluna, levando a extensos tratamentos nos anos seguintes. Eu ainda tateava aquela possível amizade. Ela era exatos doze anos mais velha que eu. Eu, uma menina. Cabelo comprido, franjinha, recém-formada, vivendo com meus pais. Ela, toda dona de si, morava com os dois filhos, já adolescentes.

Falava de suas questões com tamanha fluidez que me assustava, coisas que eram tão novas para mim, nem sequer experimentadas. Os meninos, dois espoletas. Ela era durona, brigava com eles e, uma vez dado o recado, tudo voltava ao normal. Embora rígida com seus filhos, tinha uma presença evidente. Afeto o tempo todo. A casa era cheia de pequenos mimos, ela contava histórias sobre cada peça. Viagens, amigos, presentes, fotos. Tudo era novo e fascinante para mim. Fui visitá-la após a cirurgia e foi aí que entendi que tudo aquilo era mais que especial. Era transformador.

Num dia normal de trabalho, saímos para almoçar e fiquei impactada ao testemunhar pela primeira vez a vulnerabilidade da minha nova amiga. Ela chorava e dizia que sua vida era toda errada. Que tudo era difícil. Os filhos, o namorado, o trabalho, a mãe... Foi um choque para mim. Aquela pessoa tão segura, tão alegre, como poderia pensar assim de si mesma? Eu a escutava perplexa e me sentia impotente. Como poderia tirá-la daquele lugar? O que poderia dizer, como acalmá-la? Não sabia ainda que ser vulnerável — e poder mostrar-se assim — era uma das preciosas aberturas para o universo de cada um, e que a partir dela os afetos se tornavam possíveis.

Já estava claro que essa amizade não era nada comum, o que nos impulsionou a avançar e fazer nossa primeira viagem juntas, com direito a filhos (dela) e namorados. E que deleite! Entre gargalhadas, conversas profundas, perrengues e muita curiosidade, sentimos uma conexão que inspirou várias outras viagens. Pareceu mesmo ser a companhia perfeita. E houve um episódio que explicou essa amizade ser um encontro de almas. Em 1995, o destino escolhido para as férias foi Salvador. Antes de irmos para as praias, decidimos andar pela cidade. Bonita, mas quente e abafada. Visitamos um lugar emblemático — a casa da Mãe Menininha do Gantois, um terreiro de candomblé bem conhecido. Ela faleceu em 1986, e sua casa tornou-se um museu. Enquanto estivemos lá, não houve nenhuma atividade especial. Mas, apenas de andar nas dependências daquela casa, comecei a me sentir mal. Eu me sentei, tonta, sentindo que iria desmaiar, e pedi que jogassem água na minha cabeça. As mulheres vestidas de branco se aproximaram e começaram a dizer que eu era filha de Iemanjá, a rainha do mar. Será? Fazia sentido. Mas, na verdade, entrei em pânico. Eu não tinha nenhuma intenção de permitir que alguma coisa — entidade, santo, o que fosse — entrasse no meu corpo. Saí correndo.

Marie me convenceu a seguir passeando para me distrair do meu medo. De repente, comentei com ela que estava sentindo algo apertando meu pescoço. Passamos por um grupo cujo guia turístico dizia: "Esta é a praça dos Enforcados... os escravizados eram enforcados aqui". Nesse momento, eu só queria um avião. Que cidade era aquela?

Marie se lembrou de uma pessoa que havia conhecido num dos seus vários grupos de autoconhecimento, moradora de Salvador. Zélia era uma sensitiva que fazia trabalho com regressão, e Marie achou que isso poderia me tirar do pânico.

Fizemos três sessões com Zélia. Foram várias regressões, desta e de outras vidas, supostamente. Difícil de acreditar, se não fosse pelo fato de que ela "entrava em contato" com personagens da minha história, falava comigo como se fosse um deles — e a voz dela e seu jeito de falar ficavam iguais aos daquelas pessoas.

Comigo já mais equilibrada, decidimos aproveitar que estávamos juntas e pedimos que ela fizesse uma regressão para entender o que nos unia de maneira tão intensa. Demos as mãos e lá fomos nós.

— Vocês são como uma única alma dividida em duas pessoas, mesmo com a diferença de idade. Viveram muitas vidas juntas em diferentes papéis. Uma delas foi na Índia. Marie era uma líder espiritual de uma comunidade e Deborah era sua discípula. Até que, um dia, Marie partiu por uma história de amor e Deborah ficou em seu lugar. Anos depois, Marie voltou, precisando de abrigo. E foi acolhida com amor por Deborah, que cuidou dela.

Na época, achei essa história mais que fantasiosa. Imagine eu, a menina, capaz de me tornar sábia como a minha amiga!

Hoje, depois de tantos anos, posso dizer que esse acolhimento e cuidado são equilibrados. Nas muitas vezes que voltamos a falar sobre o tsunami, concluímos que ele provocou efeitos opostos, mas complementares, em cada uma de nós. No meu caso, me fez mais forte, mais corajosa e muito mais cuidadosa com as outras pessoas. Para ela, a prova a fez reconhecer e aceitar sua própria fragilidade. Como a menina filha de Iemanjá cresceu, já podíamos equilibrar os papéis.

Railay
Marie Felice, Tailândia

Após a breve passagem por Cingapura, voltamos à Tailândia. Desta vez fomos para Phuket, de onde chegaríamos à praia de Railay, nosso paraíso acessível apenas pelo mar. Fizemos dali a nossa base para essa região de praias e ilhas paradisíacas, de mar esmeralda ou às vezes azul-celeste, florestas tropicais, vilarejos pacatos e sempre uma areia fina e branca que contrastava com os penhascos vulcânicos.

Entramos num barco que parecia flutuar sobre o azul brilhante. O translado durou cerca de duas horas, e a paisagem se transformava em algo mais mágico a cada momento. Virei a cabeça várias vezes para ter certeza de que tudo estava em seu lugar. O mar e o céu se confundiam. Só as ilhas rochosas norteavam com suas formas parecidas com os castelos que tantas vezes eu havia feito com areia molhada.

Ainda em alto-mar, descemos para um barco menor, uma espécie de canoa com cobertura de pano vermelho para proteção contra o Sol. Foi muito rápido, e lá estávamos em terra, ou melhor, areia, nada adequada para malas de rodinha. Olhamos ao redor e ninguém parecia disposto a ajudar as duas forasteiras. Arrastei a mala o quanto pude e me dirigi à entrada de um resort com um bar todo mobiliado em bambu e garçons com sorrisos plásticos. Tentei comunicação, mas eles teimavam em não compreender meu pedido de ajuda com a mala. Deborah foi para a recepção perguntar sobre quartos, mas achei que o atendimento tinha sido esnobe e resolvemos procurar outro lugar.

Andando um pouco mais para dentro da ilha, encontramos um pessoal simpático que nos ofereceu um bangalô. Com nosso gosto e curiosidade peculiares, adoramos o tom pitoresco — por um terço do preço e o dobro da gentileza —, e logo nos ajudaram com as malas. Chegando ao nosso novo lar, descobrimos várias esquisitices: a privada era de tamanho infantil e pia não tinha ali. Era com a mangueira do banho que tudo poderia ser ajeitado — e assim foi.

Exaustas pelo translado, mas energizadas pelo colorido local, trocamos a roupa da viagem por uma vestimenta praiana e fomos à orla da praia beber algo. Lembrei-me de uma viagem que fizemos para a Espanha em 1997, com encontro marcado em Madri. Voo longo, semanas corridas de preparação para as férias e sobrecarga no trabalho exigiam um bom descanso noturno. Mas as cócegas na alma me fizeram acordar cedo, e eu queria minha parceira junto para o primeiro café da manhã madrilenho. Eu me levantei e me preparei para sair respeitando seu sono, mas ela reclamou e pediu que a esperasse. Quanto tempo eu deveria esperar? Um minuto? Dez minutos? E comecei a repetir: "Madri me esperaaaaa, Madri me esperaaaaa, Madri me esperaaaaa", o que virou uma expressão de ansiedade pelo que está por vir.

E agora, com "Railay me esperaaaaa", logo nos sentamos num boteco com vista para o mar, onde um nativo com passos curtos despertou nossa atenção por andar com uma suave cadência que inspirava certa religiosidade e também pelos olhos amendoados semicerrados, e sorriso margarina. Ele delicadamente pousou o copo com a limonada sobre a mesa e se foi. Quanta beleza! A limonada era mais verde e concentrada do que de costume e ainda trazia, sobre o gelo, uma orquídea tão maravilhosa que eu resistia em tocar, tomando cuidado para não estragar sua perfeição. Hidratadas, fomos colocar os pés na água, naquele fundo infinito de azuis. Um degradê que começava lambendo os nossos pés junto à areia e, de tão transparente, parecia somente um brilho que nos molhava. Minipeixes coloridos voavam sobre o fundo de areia branca, provando a existência da água, dos azuis que se seguiam a outros azuis que misturavam o fim do mar ao começo do céu, e somente aqueles picos negros e enrugados interrompiam o espelho d'água. Não havia o lá, nem para Galileu e sua astrofísica — só com a metafísica teríamos algo a entender: somos um!

Já na primeira noite começamos a viver as diferenças entre as culturas assistindo a danças, vestindo pulseiras, cangas e aprendendo os novos nós que eram usados nos cintos, nas redes e até nas fitas que coloriam os barcos que nos levaram às várias praias. Depois, entendemos que essas fitas eram uma identificação harmoniosa, tais quais as carrancas usadas na proa dos barcos, que dão proteção na condição de vigia. Num dos passeios, vimos corais e seus peixes coloridos em Koh Tao, e nossos olhares ganharam uma percepção mística: os peixes pareciam acompanhar o movimento daquela natureza onde tudo parecia conter sacralidade.

Os dias passavam lentos, acompanhando o balanço do mar, sem ondas, somente um ir e vir sobre a areia. Lembrei-me daquela música do Ney Matogrosso: "O mar passa saborosamente a língua na areia/ Que bem debochada, cínica que é/ Permite deleitada esses abusos do mar".

A natureza é a mais bela obra de arte. Naquela experiência, colocávamos mais tons de azul na memória. Foram vários dias entre passeios visitando ilhas e suas paredes de corais em alto-mar, mergulhadas com a cara na água onde habitavam inúmeros cardumes de peixes e outros animais que mais pareciam plantas. Assim, perdemos a noção do tempo.

No último entardecer previsto naquela paisagem, já fisicamente cansadas, procuramos por uma refeição não tão típica, mesmo porque, com o passar dos dias, eu já estava sentindo certo desarranjo olfativo e digestivo. Para ajudar no reequilíbrio e desacelerar o corpo para o sono, encontramos naquela noite uma massagista que fez maravilhas, assim como a acupunturista da noite anterior. O bangalô que, por sorte, ficava mais no centro da ilha e afastado dos luaus que acontecem à beira da praia, deixou nosso sono com o aconchegante silêncio da natureza.

Inveja de nós mesmas

Deborah, Tailândia

— Você sentiu?

— O quê?

— A sua cama não tremeu?

— Pode ser... será?

— A minha tremeu... estranho, né? Bom, meu corpo é treinado... Depois de três anos chacoalhando naquele apartamento em Santiago... passou? Passou! Vamos curtir nosso último dia de praia? Ainda bem que fizemos as malas ontem! A vermelha está superpesada.

De fato. Na mala vermelha, levávamos as roupas e os badulaques comprados na viagem inteira. Na outra, tínhamos deixado apenas o que precisaríamos para o nosso último destino.

— Vamos... mas sabe que não estou me sentindo muito bem... devo ter comido algo esquisito...

— Vamos tomar café e vemos como você está.

Eu estava bem a fim de fazer aquele passeio de *snorkel* para Chicken Island. Assim começou o dia 26 de dezembro de 2004. Eu, com siricutico de quem quer aproveitar até o último segundo, e Marie num momento de calmaria. Mesmo assim, era mais um dia esplendoroso naquele lugar que daria inveja até a mim mesma — algo que experimentamos em outras viagens espetaculares: no Rio, vendo os estonteantes fogos de artifício de Copacabana na virada do século; em Nova York, fugindo da multidão na Times Square; na Patagônia, diante do pôr do sol mais exuberante em Torres del Paine.

Estávamos empolgadas para a última etapa da viagem. Naquela tarde, tínhamos um voo para Chiang Mai, no norte da Tailândia. Antes, por apenas duas horas, eu faria meu desejado passeio, enquanto ela repousaria na praia. Pela primeira vez, iríamos nos separar. Não nos lembramos do aviso do tarô.

Tremores aprendidos
Deborah, Chile

Eu sabia bem o que era sentir tremores de terra. Em 1992, aos 25 anos, fui convidada a assumir o cargo de gerente de marketing da empresa em que trabalhava — a Kellogg's — no Chile.

Eu tinha acabado de me separar do meu primeiro marido. Um momento apropriado, por não ter nada que me prendesse ao Brasil, mas eu era uma menina.

O grande chefe da América Latina — um argentino de quem eu morria de medo — me chamou de lado após uma reunião e fez o convite.

— Mas acabei de assumir um cargo de gerente de produtos no Brasil, até ontem era estagiária... sei que os últimos dois que estiveram na posição tiveram um belo de um burnout... Será quê...?

Ele me acalmou dizendo que o chefe dele lhe havia perguntado se eu *"had the balls"* para assumir tal posição. E, sem titubear, ele respondeu que sim, eu tinha essa coragem toda. De onde tinha tirado isso? Eu ainda não sabia, mas descobri ter mesmo *the balls*.

Morei três anos em Santiago. Eu tinha *cojones*, mas minha pouca experiência e determinação enlouquecida exigiam que passasse todos os dias da semana enfiada no escritório. *De lunes a lunes*. Éramos apenas três profissionais quando cheguei e terminamos com uma equipe de trinta. Foi uma jornada exaustiva, mas me formou como profissional.

Nesses três anos, a terra tremeu muitas vezes. A primeira ocorreu quando fui visitar Santiago e decidir se aceitaria o convite de trabalho. Ao entrar no meu quarto de hotel, tudo começou a se mexer. O prédio tinha fachada de vidro e uma estrutura metálica que fazia ruídos de arrepiar. Saí do quarto correndo com os olhos esbugalhados. Olhei para os dois lados do corredor, achando que todos estariam em pânico, mas não havia vivalma. Voltei. Precisava falar com alguém. O mundo tremia e ninguém fazia nada? Ninguém gritava, corria? Resolvi ligar na recepção e, com meu espanhol ainda inexistente, expliquei para a moça que meu quarto tinha tremido.

— *Eso es normal, señorita, no te preocupes. Es apenas un temblor.*

Eu tinha ou não *"the balls"*? Aceitei o convite.

Depois de anos morando lá e tantas noites chacoalhando na minha cama enquanto ouvia as portas baterem, meu corpo estava mais do que treinado para sentir o mais leve dos tremores, como em 26 de dezembro de 2004, em Railay.

Dia D
Marie Felice, Tailândia

Uma noite acabando, um novo dia em Railay, nosso penúltimo destino planejado na Tailândia. Um despertar, um tremor, um susto, uma lembrança. Negação total ao sinal. Demos mais uma espreguiçada antes de nos levantar e sair para o último passeio naquele paraíso. Deixamos a bagagem fechada e preparada para nossa partida à tarde, sempre com os cuidados contra furtos ou mesmo nos prevenindo de sermos inocentemente transformadas em mulas pelos traficantes — informações que recebemos da agência de turismo e que lemos em algumas anotações de outros viajantes.

Já que nossos interesses eram inconciliáveis naquele dia, durante o pequeno desjejum resolvemos que teríamos momentos diferentes: eu ficaria na sombra à beira da praia, para o caso da minha indisposição se manifestar, e Dedé iria para um passeio em alto-mar para mais um mergulho no aquário natural.

Nos últimos momentos naquele paraíso, nós, que nunca tínhamos feito coisas em separado, porque tínhamos quereres comuns, agimos diferente. Pensando em retrospecto: foi como se o universo conspirasse para que cada uma estivesse em sua zona de conforto para enfrentar o que estava por vir. A peixinha foi para o mar, e eu fiquei em terra firme, numa sombra, podendo escalar a montanha como um carneiro digno do signo de Áries.

Marcamos de nos reencontrar em duas horas para tomar uma última limonada à espera do barco que faria a travessia para o porto antes de um longo trajeto até o aeroporto de Phuket. O turismo agreste tem dificuldades, mas isso dá o tom de desbravamento e exige flexibilidade nas adversidades que a todo o momento nos colocam à prova. Nada como uma boa comparsa, para o bem e para o mal.

Testosterona e silicone

Deborah, Tailândia

Sou pisciana: amo o mar, os rios, as águas. Basta sentir a água nos pés e já fico renovada. Meu elemento, não necessariamente o da Marie.

Para que o passeio que eu queria fazer fosse viável, sendo que eu tinha apenas duas horas disponíveis, precisaria contratar um barquinho só para mim, sem a companhia de outros turistas.

— Melhor escolhermos um barqueiro já mais velhinho, sem muita testosterona. Imagina eu sozinha, de biquíni, toda bonitona com meus recém-colocados peitos de silicone, no meio do oceano, com um mocinho cheio de graça...? Lembra da gente no Caribe?

E caímos na gargalhada.

Nudismo e gargalhadas

Deborah, Saint Martin

Estávamos em Saint Martin, no Caribe, alguns anos antes, em 2001. Uma ilha metade holandesa, metade francesa. Chegamos na parte holandesa e logo nos demos conta de que havia um turismo sexual intenso naquele lugar, bem o que não nos interessava. Já no táxi do aeroporto para o hotel, o motorista deixou implícito que "entendia" o que duas mulheres sozinhas buscavam naquelas paragens. Nossa primeira noite foi estressante, já que, depois de passearmos e ficarmos bastante decepcionadas com a atmosfera, voltamos ao hotel cedo. De banho tomado e com Marie já deitada, de repente ouvimos alguém tentando abrir a porta do quarto com uma chave. Eu, saindo do banho, segurei a porta e fui subindo com os pés na parede da frente, a ponto de ficar na horizontal, gritando para irem embora.

— Desculpe, nos enganamos — disseram na recepção.

Não hesitamos em mudar para o lado francês, e aí foram só alegrias. Ambiente diferente, com comidas deliciosas e lugares lindos, além de muitas praias de nudismo. Mas quem disse que as duas mocinhas tinham coragem de seguir as regras do local? Entrávamos nas praias, fingíamos naturalidade, "não estou nem vendo", tirávamos um sarro fenomenal de esquisitices que costumam ficar escondidas nas roupas, ríamos loucamente em português. Numa dessas, estávamos tranquilamente sentadas na areia, protegidas por aqueles pedacinhos de pano que nos faziam destoantes daquelas pessoas, quando um distinto senhor se aproximou com um drinque que gentilmente oferecia às duas forasteiras. Ele de pé, nós sentadas na areia. Na altura dos meus olhos, balançava aquilo que não vemos fora de nossas intimidades. Recusamos a bebida com gentileza, e acho que o moço não teve tempo de ver as duas correndo em disparada.

Além desses episódios, outra bizarrice aconteceu na mesma viagem. As praias do Caribe normalmente têm águas transparentes e mar calmo. Não estamos falando, claro, das épocas dos terríveis furacões que assolam aquele lugar de tempos em tempos.

Tomávamos sol numa praia e entramos no mar. Eu, toda cheia de segurança, fui mais para o fundo. Boiava tranquila, quase meditando. De repente escutei gritos, e Marie berrava meu nome enquanto corria para fora do mar, assim como todas as pessoas que estavam na água. Quando me virei, deparei com uma onda grande, vinda como uma surpresa. Olhei para as pessoas na areia — todas viradas para mim, apreensivas —, girei de volta para a onda e nadei até ela. Consegui furá-la e saí correndo em direção à praia para não ser pega pela puxada dela de volta para o mar. Ao pisar na areia, todo mundo celebrou. Não me dei conta do perigo e passei por essa como peixe. Marie dizia que não sabia o que fazer com a culpa por ter saído da água. Nada — afinal, a pisciana sou eu.

Os anjos zelosos deram o ar da graça.

Hora H
Marie Felice, Tailândia

Uma árvore frondosa, plantada num jardim de um resort em frente ao mar na ponta da praia em Railay, fazia uma sombra especial. Eu não sabia que o paisagismo poderia vir a ser uma proteção. Como tinha planejado voltar logo para o quarto, nem meus documentos eu tinha levado, somente a canga e os chinelos. Assim que Dedé escolheu o marinheiro, um senhor que inspirava bastante experiência, ela entregou para mim seu passaporte, celular e dinheiro, ficando mais livre para usar as câmeras fotográficas em seu passeio. Tirei uma foto dela já no barco e a vi avançar mar adentro.

Eu me virei para a areia à procura de um espaço para contemplar quando uma massagista apareceu e escolheu aquele lugar para esticar seus véus no chão. Criou um varal para colorir o vento e acabou por atender um casal com óleos, incensos e leves toques em um e depois no outro. Seduzida pela cena, deixei meu corpo amolecer e acabei me deitando sobre a minha canga, inebriada.

Naquele silêncio, a brisa parecia limpar meus pensamentos, conectando-me a mim mesma, organizando meus sentimentos e honrando como um bálsamo os momentos naquele paraíso.

É no silêncio que eu me recolho e dou ao meu ouvido um tempo de descanso do outro, um espaço para descobrir o meu som, o meu tom, a minha música. Aos poucos brotavam pensamentos e, com o calor gerado pela alma, revia os acontecimentos e me fortalecia.

De repente, um estrondo. Tiraram o meu silêncio.

Snorkeling... o último?

Deborah, Tailândia

Animada para meu passeio de *snorkel*, já tranquila com a escolha do barqueiro velhinho, entreguei minha bolsa com meu passaporte e dinheiro para a Marie e levei apenas uma canga, uma câmera fotográfica — daquelas que costumávamos carregar com lentes e todos os apetrechos antes dos atuais smartphones — e uma câmera descartável para água. E só. Nos despedimos. Dali a duas horas eu estaria de volta.

A paisagem era incrível. Eu olhava maravilhada, tirando várias fotos. Sentia o gosto da liberdade, da certeza de ser tão privilegiada por vivenciar aquele pedaço de mundo. Brisa leve, céu brilhando, águas calmas e cristalinas. Chicken Island tem diferentes pontos de snorkeling. Há um banco de areia fininho entre uma pedra e outra, no meio do oceano. Passamos reto, e o barqueiro seguiu para uma grande rocha vulcânica, com corais no entorno e a base erodida pelo mar, assim como tantas outras naquela região, como cogumelos gigantes.

Havia vários barcos, alguns como o que eu estava, mas também pequenas lanchas. E muita gente nadava: crianças, famílias, todas perto da pedra. Os barcos ficavam esperando num canto. Deixei a câmera profissional e a canga e lá fui eu, máscara, *snorkel*, câmera descartável. O barqueiro ficou parado junto com outros barcos, para esperar que eu voltasse.

Nadei até bem perto da pedra. A temperatura da água estava perfeita. Muitos peixes, uma aquarela em movimento. Um deleite. A última coisa de que me lembro é de um peixinho lindo que eu estava fotografando.

O instante

Marie Felice, Tailândia

— O mar recuou! — o grito talvez fosse em italiano.

Quando olhei, o mar já não estava, parecia ter fugido e deixado um aquário vazio. Uma faixa cinza começou a separar o céu e a terra na linha do horizonte. Aquela aquarela tão incomum agora ganhava tons sombrios, e os picos adquiriam novos contornos. A linha no horizonte de fato estava engrossando.

"Isso é a IRA", pensei. Onde estava aquele cenário paradisíaco? Eu deveria permanecer na areia, no mesmo lugar, olhando para a praia? A maioria das pessoas estava deslumbrada pelo inusitado e corria para ver os peixinhos que pulavam pelo repentino recuo da água.

Será que tive uma conversa silenciosa e rápida com Deus naquele momento? Em vez de me deslumbrar com as loucuras da natureza, entrei em harmonia. Dei as costas para tudo o que não estava sintonizado com a música interior que tocava em minha alma. E, a cada passo para trás, me sentia protegida. Talvez eu tivesse escutado algo que me levaria sã e salva.

Recuei mais um pouco e bati na mureta que fazia divisa com um jardim. Agarrei o tronco da árvore que me fazia sombra, olhei para o mar novamente e um enorme paredão cinza de lama crescia. Subi a mureta e, quando tentei olhar de novo, agora para a praia que estava atrás de mim, vi a lama grossa que cobria todos os ousados e curiosos que seguiram o mar que se foi. O movimento arrastava e arrancava pedaços de corpos, e continuava sua fúria sem sinal de parada. Fechei os olhos e apertei o tronco contra o meu peito quando senti uma pancada lodosa que cobriu todo o meu corpo. Foi o primeiro baque. Fui tomada pelo medo, mas ainda não entendia o que estava acontecendo. Segurei a respiração e minha proteção foi o abraço ancorado na árvore.

Fora da ordem
Deborah, Tailândia

O que veio a seguir estava fora da ordem daquele lugar. Algo que não sei explicar; tenho total amnésia daquele momento. Devo ter vivido um impacto tão avassalador que, quando dei por mim, estava assustada tirando a cabeça para fora da água, já sem máscara, sem *snorkel*, sem câmera. O que teria vindo com tamanha força a ponto de arrancar tudo de mim? Eu era uma cabecinha no meio daquele mar. Atrás de mim, a tal da pedra. Ela estava ali. Já eu, no mesmo lugar. Mas nada mais era igual. Não me lembro de ver mais ninguém perto de mim. Não me lembro de barcos. Era eu e o vazio.

Tudo era muito estranho. Atônita, olhei para a frente e me deparei com uma parede de água vindo em minha direção. Pessoas me perguntaram depois qual era a altura da onda. Não sei. Sei que era maior do que eu poderia imaginar. E justo ali, naquele lugar de águas tão calmas. Um pesadelo. Seria real?

Aquela imensidão veio sem quebrar, e pude boiar por cima dela. Embora não me lembre de sentir pânico — mais um mecanismo de defesa da minha memória —, me recordo do som que eu emitia, uma respiração rápida, como um choro.

Pensamentos desordenados me atravessavam. Era o fim. Eu ia morrer. E fiquei inconformada. Brava mesmo.

Não queria, não fazia sentido, ninguém jamais saberia de mim, certa de que ainda tinha muito para viver. Olhei para a frente mais uma vez, e uma nova parede se aproximava em formação para quebrar. Eu sabia exatamente onde eu estava. Atrás de mim, uma rocha gigante. Embaixo, corais cortantes. E muita água na minha cabeça. Não havia nada que eu pudesse fazer para evitar que a onda, impiedosa, me pegasse. Foi talvez um dos poucos momentos da minha vida em que não tentei controlar a situação. Não tentei nadar, furar a onda, fugir. Nada seria possível. Eu estava entregue ao meu destino.

Quando a terceira onda quebrou em cima de mim, senti o poder da natureza. Eu era um ser insignificante, mergulhada e entregue àquela força incrível. Sentia meu corpo largado, leve, chacoalhando sem reação. Minha cabeça rodava. Lembrei novamente de que estava perto dos corais, ia me machucar muito. Seria jogada contra a pedra. E, sim, ia me afogar. Meus pensamentos continuavam. Revivi pesadelos recorrentes que eu tinha quando criança. Éramos sempre minha irmã e eu, ela grande e eu pequena, de mãos dadas, na beira do mar. Com a água na altura dos joelhos, víamos uma onda gigante que vinha para nos engolir e, antes que ela chegasse, eu acordava assustada. A onda de Saint Martin voltou à minha memória. Ao contrário daquela, desta não tinha sido possível escapar. Sempre tive pânico de morrer sem ar, mas houve um momento em que pensei que talvez não fosse tão ruim morrer afogada, porque lembro muito bem da hora em que já não pude segurar e respirei água. Senti minhas narinas recebendo o inevitável e, nesse momento, já me dava por vencida. Percebi que morrer não era uma experiência aterradora, era quase suave. Impotente, mas ainda assim eu não queria aquele destino. Não, eu não queria morrer.

Deve ter sido aí que minha alma se rebelou e reescrevi meu contrato de vida. Tudo tão fora de ordem que uma nova ordem deveria prevalecer se eu quisesse mudar aquela sina. E tão clara é a lembrança da luz que se fez nas minhas pálpebras que refletia novamente o Sol enquanto eu emergia repentinamente.

Sim, emergi, o ar me invadiu, ainda misturado com tanta água. Voltei a respirar. Era como se alguém tivesse me içado pelos cabelos. Seria a nova ordem?

Em segundos
Marie Felice, Tailândia

Respirei. Quando abri os olhos, entre barulhos fortes e ameaçadores, vi uma janela à minha esquerda. Imaginei que poderia ser um abrigo e, contornando a parede que segundos antes havia me servido de escudo, tentei entrar. Para meu espanto, era um quarto, uma sala, um escritório; tudo flutuava, quebrado e lambido pela lama. Como uma pintura em branco e preto — melhor: em tons de cinza —, destacava apenas as formas de um ambiente que segundos antes devia funcionar normalmente. Sentir tudo que eu via bailar me deu uma tontura que me forçou a me apoiar na esquadria de madeira da janela; foi aí que percebi a falta do celular e do passaporte da Deborah. Talvez tivessem caído naquele vaso aquático com flores de lótus que eu defini como um caixão, dada sua forma e tamanho, mas que era uma floreira.

Entrei e me agachei, tateando. Foi o tempo de dar tempo, o tempo exato. Mais um segundo em que percebi que estava conectada a algo maior e, portanto, resguardada. Naquele instante voava em minha direção uma espreguiçadeira, barrada pela parede, que acabou sendo uma proteção, formando uma inclinação que me encobriu de tudo que era arremessado: pedaços de corpos, de barcos e do carrinho de pipoqueiro que foram jogados pela força da lama, agora mais rala, e batiam ali sobre o que se tornou meu escudo.

Atordoada, encontrei o celular da Deborah (e nada de passaporte ou dinheiro) e saí pela pequena fenda que sobrou. Segui na direção de umas pessoas reunidas sobre o telhado de uma construção ainda inacabada. Até hoje me pergunto como cheguei lá. Era uma laje de onde olhei para o alto-mar e só vi agitação, pedaços de madeiras sendo jogados e talvez galhos que, trazidos no movimento da água, denotavam a força com que ela avançava sobre a ilha.

Em segundos, as sinapses trouxeram à minha memória o comentário do meu filho sobre sua experiência num momento de tornado em Miami. Sua fala impressionada era como um aviso premonitório: o perigo está nas coisas que, arrancadas de seus lugares pela força do vento e da chuva, são arremessadas ao léu. Essa lembrança foi um sopro de carinho vindo de longe e de tão dentro da alma que me fez concluir que ali eu não estava segura.

Olhei para baixo e vi um monte de areia. Decidi escolher bem o lugar onde iria saltar. Não arriscaria incorrer no mesmo erro que cometi anos antes, de pular impulsivamente de uma marquise e fincar meu pé num buraco, o que me fez machucar a coluna. Lição aprendida: dessa vez, pulei com cuidado no monte de areia separada para a mistura do cimento da reforma de uma casa.

Dádiva

Deborah, Tailândia

"Fui salva por um colchão de anjos."

Essa frase estranha gritou na minha cabeça assim que emergi daquelas águas revoltosas. Minha avó havia falecido dois meses antes. Será que tinha vindo me salvar? Meu pai, morto há seis anos, teria vindo também? Aquilo era tão impossível que só podia ser uma dádiva. Atrás de mim, ainda a mesma pedra gigante. À minha volta, sujeira, pedaços de madeira, de barcos, uma espuma amarelada. Meio perdida, nadei até os destroços de um barco que estava virado, boiando. Quando cheguei até ele, senti uma grande fraqueza. Mas consegui subir, me sentei como quem está numa prancha e assim me senti mais segura.

Ainda não entendia nada. Apesar de a pedra sempre me dar a notícia de que eu estava no mesmo lugar, tudo parecia diferente. Onde estavam aquelas pessoas? Os barcos? Havia apenas sujeira, coisas. Onde estaria meu barqueiro, teria se salvado? Notei alguns sobreviventes. Ainda muito zonza, vi um homem se aproximando a nado, me perguntando se eu estava bem. Respondi que sim. Ele me perguntou se eu poderia segurar uma menina que estava nos braços dele. Claro que sim. Era loirinha, tinha uns quatro anos. Falava um idioma que eu desconhecia. Ela falava sem parar, estava com a pele toda ralada. Entre uma e outra palavra, dizia "*mamá*" e "*papá*". Eu só a abraçava com todo o meu corpo e falava em português que se acalmasse, que tudo ficaria bem. Assim ficamos por alguns minutos, enquanto eu tentava entender aquilo que parecia um pesadelo.

— Nicole, Nicole! — gritava uma voz de mulher, que depois entendi ser a mãe da criança.

Ela conseguiu subir na pedra, sacudindo os braços enquanto gritava na busca angustiada por encontrar seus próximos. Quanto alívio pode haver em encontrar sua pequena menina?

Em seguida surgiu um barco, igual àquele que me trouxe, com um casal atônito e um barqueiro. Eles começaram a ajudar as pessoas a subir. Eu continuava na minha "prancha". Colocaram no barco uma moça desacordada. Tentaram reanimá-la. Não deu. Era muito jovem. Lembro de seus pés balançando sem vida na ponta do barco e seus peitos descobertos. Essa cena grudou na minha memória, e rezo por ela sempre que dedico homenagens aos mortos que atravessaram meu caminho. Havia também um tailandês morto meio jogado dentro do barco, como se fosse um pedaço de alguma coisa.

Vários sobreviventes foram resgatados. Um rapaz jovem na minha frente, em choque, falava que tinha perdido a namorada, que achava que aquele corpo boiando devia ser o dela. Havia um único colete salva-vidas entre nós. Ele esgueirou-se e puxou o colete para ele.

A fraqueza voltou. E eu vomitei.

Serpentes

Marie Felice, Tailândia

Somando vitórias em meio à confusão, continuei a seguir na direção oposta à praia. Constatei que estava numa península plana, e naquele momento a água avançava por todos os lados, de onde também vinham pessoas correndo apavoradas. Fiquei sem saber aonde ir.

Naquela pequena área, vi uma mãe segurando os dois filhos, roxos, parecendo já sem vida, que ela não conseguiu salvar. Nada poderia fazer, e nada fazia, congelada em desespero. Vi outra criança boiando numa piscina junto com meio dorso de uma mulher, um homem fraquejando e uma senhora tentando animá-lo, adolescentes correndo, um jovem que parecia saquear o que sobrou de um quarto de hotel, dois marmanjos segurando à força uma mulher e já projetando seus órgãos sexuais, e outras cenas que vão se diluindo e se misturando ao som abafado que teima em ecoar na minha cabeça. Cenas que resistem em meus pensamentos, apesar de eu me esforçar para apagá-las. Acho que fiquei invisível, sem ação, e nada fiz. Ainda hoje sinto no corpo o tremor frio que me percorreu naquele instante.

Minha luta pela vida estava em seu auge, e eu só conseguia pensar em onde me proteger. Mais uma vez algo mágico levou ao meu ouvido a voz vinda do outro extremo e, por entre obstáculos que se impunham como tapumes, ouvi um nativo sinalizando a diagonal e gritando:

— *Climb*.

Tivemos uma rápida troca de olhares e pude agradecê--lo com as mãos unidas em prece. Segui a direção indicada, encontrando segurança e uma aglomeração.

A massa de sobreviventes se apressava em ir sei lá para onde e subia uma ladeira que logo descobri onde terminaria: em um bar abandonado, com o telhado cercado de um mato alto, com vista gloriosa das praias de ambos os lados e cuja distância e altura pareciam oferecer abrigo. Uns queriam subir mais, mas o caminho já tinha seus donos.

— Serpentes! — alguém gritou, e assim definiram-se fronteiras.

O lugar se tornou um aglomerado de assustados que olhavam o mar escuro e agitado. Entre novos respiros, muitos sons de gritos e quebradeiras que agora vinham de mais longe.

Ainda estava fugindo quando de repente jogaram um copo de água no meu rosto e me sacudiram, me segurando e perguntando pelo meu nome. Eu não era invisível. Ainda era eu mesma? Meu nome não saiu, mas a garganta sorveu um gole da água que escorria.

Aquilo que você sabe ninguém tira

Deborah, Tailândia

Todos estavam vulneráveis. Naquele pequeno barco, ouviam-se vários idiomas, interrompidos por longos silêncios atônitos. Eu me acomodei de forma a não ver os mortos que ali estavam. O moço na minha frente vestiu o colete porque estava bem mais abalado que eu, tão entorpecida pela adrenalina que mal me dei conta da minha própria fragilidade. Pensei que devia ser terrível deixar alguém para trás, ainda que você estivesse completamente impotente em uma situação como aquela.

Entendi que seríamos levados para Krabi, continente e porto de acesso a toda a região. As pessoas do barco começaram a gritar que tínhamos que sair daquele lugar imediatamente porque viriam mais ondas.

"Hoje eu não morro mais", pensei. E não era um simples devaneio. Mas uma convicção que poucas vezes experimentei na vida. Nada mais me aconteceria naquele dia.

"Que bom que a Marie não veio... a peixa sou eu, ela não teria conseguido. Deve estar lá, na boa, tomando seu solzinho." Claro que eu não tinha noção do que se tratava aquele evento. Jamais havia escutado sobre tsunamis. Achava que aquilo era pontual, tinha acontecido só ali, onde eu estava.

Fiz um autoexame. Estava com o meu biquini, por sorte. Tinha meus brincos ainda. "Qualquer coisa, vendo os brincos para comprar comida."

Lembrei da frase que minha avó, que chamávamos carinhosamente de Omi, judia alemã e sobrevivente de duas guerras mundiais, dizia:

— O que você sabe ninguém pode tirar de você.

Sim, eu sabia muita coisa que podia me ajudar naquela situação. Sabia inglês, sabia me organizar como boa executiva que era, sabia muito bem me adaptar às dificuldades, sabia pedir ajuda, sabia que tinha amigos que poderiam me auxiliar.

"Eu tenho tudo de que preciso... não há dúvida de que voltarei bem para o Brasil. Só tenho uma missão: achar a Marie. Mas sei que ela está bem. Está tudo bem, isto vai acabar logo e bem."

Não sei se era um sussurro da minha avó, que talvez ainda estivesse comigo e que, com toda a sua força, me transferia coragem e convicção. Não sei se a dona daqueles pensamentos era mesmo eu. Mas aquela Deborah era forte e corajosa. O impossível não existia naquele momento. Tudo daria certo. Eu estava agradecida. Estava viva! E inteira! Viva!

Quando ligaram o motor do barco, passamos próximos do banco de areia, onde na ida havia várias pessoas. Já não tinha mais nenhuma. O que teria sido se o barqueiro tivesse invertido a ordem e me levado para lá antes?

Em algum momento, uma lancha cruzou nosso caminho. A mãe da Nicole e o homem que pediu que eu a segurasse ainda no mar estavam no nosso barco. Eles dois gritaram para que a lancha parasse e os levasse de volta àquele lugar para que tentassem achar seus outros familiares. Pensei que ninguém poderia voltar, porque o perigo estava lá. Só lá. E, quando aquela mãe passou por mim para pular para a lancha, agarrando sua filha pequena pelo braço, eu, num impulso ensandecido, gritei:

— Não a leve para lá, é muito perigoso! Quer deixar ela comigo?!

Hoje entendo o olhar enlouquecido dela para mim, porque eu jamais largaria minha filha, ainda mais naquelas condições. Naquele momento, eu ainda não era mãe.

Quando começamos a nos aproximar da costa de Krabi, soube que o lugar também tinha sido bastante afetado. Algo enorme havia acontecido. Barcos revirados, destroços. O nosso barco atracou, e as pessoas gritavam que tínhamos que correr. Corri.

Torre de Babel

Marie Felice, Tailândia

No dia 26 de dezembro, depois das dez horas da manhã, ao fazer o movimento contrário ao da maioria dos turistas surpreendidos pela bizarra cena da repentina ausência do mar, surgiu um grito na minha alma. O que aquela estranheza falava? A fúria do mar!

Agora, na montanha, eu me sentia numa Torre de Babel com os vários idiomas misturados, o que me remeteu à casa dos meus pais, onde os amigos apareciam falando hebraico, inglês, francês, ídiche, árabe, italiano, polonês, russo, húngaro. Mas, naquele momento, não ouvi sons familiares, eram nórdicos em sua maioria.

Aos poucos, uma palavra aqui e outra ali, fui captando notícias, talvez explicações sobre o maremoto que estava acontecendo e que teria atingido mais áreas. O que pensar da minha amiga em alto-mar? Estaria nadando ou remando sobre as ondas? Abaixo das ondas? Afetada pelas ondas? Eu não conseguia imaginar onde estava Deborah. Onde *eu* mesma estava?

Não conseguia responder, nada fazia sentido. Sentei e chorei: estava sozinha. Pensei em como seria para Deborah sobreviver em alto-mar, e as ideias só aumentavam meu desespero.

O silêncio pulsante era quebrado de tempos em tempos por alguém que contagiava a todos com choros, e ficávamos nessa agitação provocada pelo susto. Mais pessoas surgiam, e os olhares perdidos dos recém-chegados — machucados e tendo vivido e visto mais horrores — não traziam explicações, se somando à angústia dos assustados.

Reconheci a recepcionista de onde costumávamos tomar a limonada e me aproximei já com lágrimas escorrendo pelo rosto quando tentei falar que havia perdido minha amiga. Ficamos por algum tempo abraçadas olhando o horizonte escuro, o mar agitado com muita ventania e o som da água, dos quebrados, dos arrancados, dos gritos. A recepcionista me segurou firme e, com os olhos arregalados, falou uma frase mágica:

— Cada uma estava no lugar em que deveria estar.

Nada mudou, mas me acalmei. Existe algo mais significativo que uma árvore que permaneceu enraizada apesar do mar que a cobriu e tantas vezes nela bateu? Aos meus ouvidos, o som estrondoso da destruição confirmou que não seguir a maioria me garantiria uma nova oportunidade. Eu estava em sintonia com os sinais e com a minha voz interior. Nessa dinâmica em que a natureza fazia sua desordem, provocando desencontros, encontros e desejos de reencontros, algo estava além de nós, vindo de baixo, de longe, da água, do mole, e seria tão duro, tão forte, tão escuro, tão sólido... e eu voltei para a Torre de Babel em plena confusão de emoções, logo vencida pela solidariedade.

Salaam Aleikum
Deborah, Tailândia

Um dos meus empregos foi na Twentieth Century Fox. O primeiro filme que lancei chamava-se *Independence Day*. Era bem ruim, mas nele tinha uma cena de pessoas correndo nas ruas, tentando escapar de uma nave alienígena. Quando me lembro de chegar na costa de Krabi e começar a correr, essa é a cena que vem na minha cabeça. Corri, corri e corri, até chegar numa estrada, em que vários também corriam. Havia alguns carros parados no acostamento, algumas pessoas curiosas e outras correndo por suas vidas.

Não sei muito bem como, mas uma mulher com um lenço na cabeça, certamente muçulmana, me pegou pelo braço e me enfiou em seu carro. Era uma Veraneio, parecia antiga, cor de vinho. Seu marido meio rechonchudo, sem camisa, no lugar do motorista (do lado direito, como na Inglaterra), crianças e outras pessoas no banco de trás. Sentei-me ao lado dele e ela entrou ao meu lado, me cobrindo com um pano.

— De onde você é? Como te ajudamos?

— Sou do Brasil.

As crianças, barulhentas e empolgadas, começaram a gritar o nome do Ronaldinho e do Cafu. Ri por dentro, mesmo que a situação fosse tão crítica.

Pedi que me levassem para Railay. Não era possível. Seria porque aquela pequena ilha também tinha sido afetada? Em um segundo, meu lado executivo, de resolução, se apresentou:

— Me levem para um centro de informações turísticas.

Eu precisava de um telefone. E de gente que falasse algum idioma que eu entendesse. Não sei descrever o que sentia naquele momento. Era uma mistura de força com fragilidade, determinação e um grande agradecimento por estar com aquelas pessoas tão cuidadosas.

O marido rapidamente começou a dirigir. No caminho, entraram num posto de gasolina. Me deram uma toalha, uma camiseta preta e um short do filho deles, e me indicaram um chuveiro. Tudo parecia um pouco estranho, como se eu estivesse num limbo entre a realidade e um sonho de muito mau gosto. Tirei de mim aquela sujeira toda e saí vestida de menino de dez anos. O garoto olhou para os meus pés e se deu conta de que eu não tinha sapatos. Me encarou, fitou os próprios pés, tirou os seus chinelos e os entregou para mim. A tamanha generosidade daquela criança com olhar inocente e assustado foi capaz de me mostrar um mundo mais quentinho naquela hora.

Partimos para o centro de Krabi, e a cidade estava intacta, funcionando. Claramente turística, com pousadas e restaurantes, transeuntes ainda ignorantes da tragédia que acabava de ocorrer. A família encantadora quis entrar comigo no local de informações turísticas. Saíram do carro para me acompanhar. O barulho deles era tanto que a gerente do local disse que cuidaria de mim e que eles podiam ir. *Salaam Aleikum* mil vezes.

E, sim, havia telefone, fax, televisão. A moça, atenciosa, permitiu que eu ligasse para qualquer lugar. Me ajudou a achar o telefone de onde estávamos hospedadas em Railay, mas ninguém atendeu. Liguei para outras pousadas e hotéis na ilha, porque não tinha ideia do que poderia ter acontecido lá. Nada. Nenhuma resposta. A tontura, a fraqueza impressionante e o enjoo iam e vinham, o gosto do mar voltava e eu precisava vomitar. Liguei para o Brasil, para a casa da minha mãe, ainda no transe de quem era inabalável, apenas preocupada em achar a minha amiga sã e salva. Procurei falar num tom normal, sem alarde, para que ela não morresse de preocupação.

— Oi, mãe.

— Oi, filhinha, tudo bem? Está legal aí?

— Está, sim. Mãe, rolou uma onda meio grande aqui e eu me perdi da Marie. Se ela ligar, diz que estou bem e que eu estou em Krabi. Liga para o filho dela e fala a mesma coisa.

— Mas que voz... está mesmo tudo bem?

Fuso horário ajuda às vezes. Era madrugada no Brasil quando tudo aconteceu e eu lutava pela minha vida. Quando liguei para ela, eram sete horas da manhã lá, ou seja, meu telefonema a acordou e ela não tinha tido tempo de ver as notícias na televisão.

Bênçãos do universo

Marie Felice, Tailândia

Eu olhava para o celular, única peça que salvei, mas estava morto pelo banho de lama e água salgada, me deixando mais isolada ainda. Olhei em volta, vi uma família com bebidas, a maioria vestida de biquíni, calção, chinelos, canga e nada mais, como eu. Outros pareciam nada ter sofrido por estarem vestidos e equipados com cordas e mosquetões, munidos de celular e tentando contato com seus países de origem em vão. Mal havia conexão — pouco sinal e caía a ligação antes que se ouvisse qualquer retorno.

Eu precisava de um banheiro e isso também era uma necessidade para alguns, uns com vômitos, outros com diarreia — reações típicas do medo. Havia os que se tornavam falantes ou chorosos... Eu me agachei perto de um homem que fazia de um canto seu banheiro e desaguei a minha adrenalina, dando conta de que já estávamos em estado de guerra para aceitar o improviso com jeito de sobreviventes despudorados.

O som de helicópteros e lanchas trazia os paramédicos, garrafas de água, depois comida. Havia muito trabalho transferindo feridos e, pior, trazendo sacos pretos para embalar os mortos, a constatação dura de que a catástrofe era grande. Eu já deixava me abater pelos pensamentos de que fatalmente teriam levado minha amiga.

Tudo foi ficando escuro, sem esperança, sem saída. Será? Onde termina a esperança para quem tantas vezes sentiu faltar o chão? O divino estaria em tudo isso?

Em 1993, fizemos uma viagem ao sul do Chile, perto do vulcão Osorno, onde apalpamos as neves eternas naquela subida sem fim cujos ventos uivantes aumentavam a resistência à escalada. Deslumbradas, cometemos a imprudência de assistir ao pôr do sol num lugar sem sinalização e, quando resolvemos sair, já havia anoitecido. Num caminho cheio de lava, tudo queimado, nada refletia a luz do farol do carro, e a saída parecia inexistente. Andamos em diversas direções para tentar descobrir qual delas seguir, mas nada se parecia com uma estrada, e a temperatura estava caindo. Resolvemos ficar em silêncio para tentar ouvir de onde vinha, ou se viria, algum som — e nada. Nos sentamos sobre o capô do carro para meditar e recuperar a calma. Juntas, pedimos ao universo um sinal, uma ajuda, quando ouvimos um barulho de asas. Uma coruja pousou em algum lugar e, pelo brilho dos olhos, notamos a encarada. Pressentimos a resposta. Entramos no carro prontas para segui-la. Mesmo com a sensação de estarmos jogando o carro no precipício, quando a perdemos de vista, encontramos o caminho de volta. Um susto, um teste, uma bênção do universo. Eu tinha que continuar a acreditar.

Som do hebraico

Marie Felice, Tailândia

No turbilhão de vozes e sussurros, ouvi palavras em hebraico. Eu tinha usado pouco o idioma nos últimos vinte anos, mas não dava para esquecer as primeiras palavras que havia aprendido, talvez as mais simples, mais carinhosas, e, assim, esses sons entraram como bálsamo em meus ouvidos, interrompendo as visões nefastas que eu, no maior pessimismo, tinha deixado aflorar.

Eram dez rapazes e duas moças recém-saídos do exército, de uns vinte e poucos anos, que tinham escolhido a Tailândia para passar as férias. Recém-treinados para situações de guerra, não pareciam abalados com aquela situação extrema. Falavam e riam como se soubessem como agir. Eu me aproximei, mas só consegui balbuciar um cumprimento. Já não era invisível. Talvez fosse mais velha que a mãe de alguns deles — eram mais jovens que meus filhos —, e fui incluída na oferta de bolachas e sucos.

Não tenho muita noção de tempo, mas pouco depois chegou mais um rapaz que se juntou a eles. Zonzo de cansaço e contando sobre sua noitada, tentava acalmar a todos, convidando a descer da montanha e a voltar para o quarto que permanecia seco, mesmo que a parede tivesse sido arrancada (mas nada que abalasse seu sono, que disse ter sido tranquilo). Os outros concluíram que ele dormira bêbado e que não estava lúcido para discernir o perigo.

Aos poucos consegui, monossilabicamente, contar aos meninos que estava ansiosa por reencontrar a minha amiga. Eu havia decidido, numa tentativa de dominar os maus pensamentos, que só falaria o que eu sabia: o resto era uma incógnita e assim eu não verbalizaria coisas ruins; dizem que Deus escuta e pode pensar que é um pedido.

Naquela montanha, todos empoleirados tentando aproveitar o resto da construção abandonada, alguém conseguiu acesso ao noticiário da Austrália e, enfim, uma explicação: o acontecimento que se abateu no oceano Índico foi um terremoto de 9.1 na Escala Richter, cujo epi-centro estava perto da ilha de Sumatra, provocando altas ondas chamadas de tsunami.

Não sei se naquele momento uma aula de geografia era o que eu queria, mas a explicação complicou meus pensamentos. Não era somente na orla em que eu estava que tudo aquilo virou de ponta cabeça; a onda vinha de mais longe e, portanto, passara por onde Deborah estava. O silêncio de todos foi interrompido por um berro meu, e outros choros me seguiram. Logo fui abraçada por alguém e me ofereceram água. Um dos meninos me disse mais ou menos o seguinte:

— Se não dá para saber o que aconteceu, por que você está imaginando o pior?

Seus olhos pequenos ficaram ainda menores com o sorriso que emanava fé! Enxugando as lágrimas, tentei retribuir um sorriso agradecido. Eu já não estava sozinha, amigos foram e seguem sendo a aliança na minha caminhada. Aqueles que transformam os momentos de dificuldade em desafios instigantes. Esta frase apareceu numa fala com meu pai quando escolhi não o acompanhar a Israel porque no Brasil eu não estava sozinha.

— Coma amigos! — disse ele. Foi comendo com eles e me nutrindo deles que driblei as dificuldades.

Construí a qualidade de agregadora, e aquele amontoado de israelenses virou um grupo. Foi assim que a jornada se tornou mais fácil, uma gota de mel naquele momento tão difícil.

Kòp kun
Deborah, Tailândia

Ainda naquele centro de informações, passei o resto do dia tentando contatos, entre uma e outra ida ao banheiro para vomitar aquele afogamento que a televisão insistia em me lembrar. Era a primeira vez que eu escutava a palavra "tsunami". Entendi que era algo com uma extensão tremenda, mas ainda não tinha conseguido prestar atenção nas notícias em meio às ligações. Vez por outra entravam alguns turistas desavisados querendo informações de onde passar seus dias de férias.

A gerente daquele lugar, de uma gentileza incrível, me levou até o aeroporto no fim da tarde. Como Marie e eu tínhamos passagens para Chiang Mai naquele mesmo dia, fomos ver se ela estaria lá ou se tinha passado por lá. Havia muita gente no aeroporto, muita confusão. Mas nada de notícias dela. Perguntamos se ela teria tentado embarcar ou mudar a data de embarque. Nada. A companhia aérea me deu uma camiseta com sua logomarca; agora eu praticamente já tinha todo um armário. Ao final do dia, a gerente me levou a um hotel, onde generosamente conseguiu um quarto para que eu passasse a noite. Antes de chegarmos lá, me fez entrar numa padaria e queria que eu comprasse algo para comer. Comprei um pão e uma coca. O pão — que não consegui comer — guardei na sacolinha em que estava a camiseta da companhia aérea.

Aquela sacolinha, com o pão e uns trocados que ela tinha me dado, não larguei mais. Tinha medo de que não tivesse comida nunca mais. *Kòp kun* ["obrigada", em tailandês] para essa que seria uma das tantas almas boas que me acolheram nessa jornada que apenas começava.

O hotel ficava ao lado da região de saída para as ilhas. O quarto era no térreo e, saindo dele, era possível ver o porto. Lembro de uma lua cheia e linda, quase romântica, não fosse pelo meu coração que começava a ficar mais apertado.

Lá também tive acesso a um telefone, por onde eu insistia em tentar algum contato. Voltei a ligar para minha mãe e minha irmã, que a essa altura já tinham visto todas as notícias e estavam muito assustadas.

— Fala a verdade! Você está machucada? — insistiu a minha irmã.

E, novamente, nada da Marie.

O escuro da noite trazia todos os fantasmas e medos que não tinham aparecido até então. De forte que era, fui me enfraquecendo. Agora eu estava sozinha, frágil e pequena. Tomei um banho e voltei a vestir as roupas do menino. Tinha frio. Liguei a TV e me deparei com a constatação de tudo o que eu tinha passado e ainda passaria, solitária na minha jornada para reencontrar minha amiga. Fiquei vendo e revendo aquelas cenas. Vomitei várias vezes até cair num sono leve e agitado.

O depois

Marie Felice, Tailândia

De tarde, os rapazes israelenses tão fortes e corajosos começaram a descer aquela montanha para fazer reconhecimento do terreno e das condições daquilo que havia restado do paraíso. Voltaram para dizer que o mar estava calmo, ou melhor, menos agitado, e já era seguro descer.

Um deles, Levi, me acompanhou até o meu bangalô, e para minha surpresa, embora a porta tivesse sido arrombada, estava seco. Nada pôde ser roubado porque as malas estavam fechadas, trancadas e acorrentadas à coluna principal do quarto, conforme havíamos sido orientadas.

Olhei em volta e percebi a sorte de não termos nos hospedado mais perto da costa, onde tudo fora destruído à nossa frente, tudo fora arrastado, quebrado e até mesmo aquela recepção do primeiro resort, onde tentamos nos instalar, não resistira. Outras árvores, como coqueiros ou bambus, foram arrancadas de maneira que a vista para o mar agora era completa — mas era um mar encrespado, ainda bastante cinza, embora as ilhas e seus picos tivessem voltado ao seu formato inicial, dando a impressão de que a água estava em seu nível normal. Num impulso, corri até aquela árvore, que se mantinha ereta e que fora o meu esteio, agora isolada em meio à devastação, e fui tentando, arrastando com o pé, achar o passaporte da Deborah que eu perdera naqueles segundos tão marcantes.

Mas o lugar estava revirado, enlameado, e o vento ainda arrastava tudo de lá para cá, tornando impossível continuar a procurar qualquer coisa no que mais parecia um amontoado de lixo.

O litoral ainda não era seguro, e juntos retornamos para a colina-abrigo, somando-nos à aglomeração. Nem mesmo no entardecer a cor acinzentada se vestiu do alaranjado pelo brilho que vinha do Sol, nem a agradável temperatura local do anoitecer chegou, nem a Dedé apareceu. Permaneci embaixo de um tronco de madeira, que era o arrimo do telhado desgastado pelo tempo, e embaixo de uma outra tora que era como uma viga, onde me encolhi. Os meninos fizeram um lanchinho e compartilharam comigo as frutas, um copo de suco e um pedaço de chocolate israelense que me levou de novo à minha infância. Com esse calor na alma, adormeci envolvida pela canga, exausta de medo. Aos sobressaltos, eu voltava meu radar para a minha amiga, imaginando sua chegada, mas logo essa visão se derretia como improvável.

Brasileira desaparecida
Deborah, Tailândia

Naquela manhã, depois de muita dificuldade para dormir, acordei assustada com barulho de água e pulei da cama. Saí correndo do quarto e vi um homem logo na entrada do corredor, que era aberto para o porto. Perguntei se aquele barulho era de ondas. Havia mais delas? Ele me acalmou e disse que elas não chegariam ali, porque o porto ficava num braço de mar bem fechado. Mais tranquila, vi à frente barcos enormes cheios de gente com suas bagagens. Logo em seguida saíram homens carregando não malas, mas inúmeros sacos pretos. Me arrepiei só de imaginar quem poderiam ser aqueles mortos, mas não me atrevi a finalizar o pensamento.

Pedi ao moço da recepção que me deixasse usar o telefone novamente e ele me negou. Gritei:

— Como assim? O senhor sabe o que eu estou passando? Preciso de uma ligação!

Na necessidade, a gente perde até a vergonha. Ele acabou me deixando ligar, mas, novamente, nada de sinal de Marie. Nem os filhos tinham notícias dela. O que estaria acontecendo?

— Esse barco vem de Railay? Railay? Railay? — Assim passei a manhã do dia seguinte: me plantei no porto que recebia os vários barcos de resgate dos turistas das ilhas e repeti essa frase incontáveis vezes, andando de um lado para o outro no cais. Nenhum deles vinha de lá.

Dois meninos na beira do porto começaram a me imitar:

— Railay Railay.

Que bom que não falavam português, porque gritei todos os palavrões que eu conhecia. Como culpá-los? Quem poderia, àquela altura, ter noção do que viria a ser conhecido globalmente por ter eliminado a vida de mais de 230 mil pessoas, em vários países? "*Tsu*" significa porto; "*nami*", onda, um nome de origem japonesa. Para muitos, algo totalmente desconhecido até aquele 26 de dezembro de 2004. Embora não tenha sido a primeira vez, já que a região do oceano Índico é sujeita a terremotos e erupções vulcânicas, havia muito não se ouvia de um tsunami na região. Daí a total falta de estrutura para evitar a tragédia.

Saí andando, com os chinelos do menino muçulmano e minha sacolinha com o pão. Contava só comigo. Como sussurrou minha avó naquele barco, eu tinha o meu conhecimento, o que já me colocava em outro lugar. Mesmo sem comida, sem dinheiro, isso me mostrava o tamanho do meu privilégio.

Alguém me disse que perto de onde eu estava havia uma escola registrando nomes de desaparecidos, e fui para lá correndo. No caminho, senti fraqueza mais uma vez e me dei conta de que não comia desde a manhã do dia anterior, depois de tanto passar mal. Fraquejei em frente a um hotel, e a recepcionista veio à porta me perguntar se eu gostaria de comer algo. Aceitei, agradecida, e ela me colocou numa mesa farta, com uma vista bem bonita. Me senti digna e minha força voltou.

Os tailandeses foram rápidos em se organizar. Eram muito solidários e gentis. Logo na entrada da escola havia uma grande mesa com várias pessoas anotando nomes, um ao lado do outro. Registrei que havia uma pessoa desaparecida, dei nome e tudo o mais. A moça anotou. Fiquei aliviada, mas notei que, ao lado daquela, havia tantas outras mesas e moças anotando aflições de pessoas em situação similar à minha. Mas como eles poderiam coordenar aquelas tantas informações de uma mesa para a outra? Seriam registradas em algum arquivo central? Aparentemente, não. Coloquei um pequeno cartaz com os dados de minha amiga numa lousa que estava ao lado: *MISSING. MARIE FELICE WEINBERG, BRAZILIAN. DEBORAH TELESIO IS FINE.*

Me indicaram uma outra escola que recebia resgatados. Olhei em todas as salas, vi várias pessoas sentadas no chão, algumas agitadas procurando ou consolando outras. Nada da Marie. Um sul-africano estava comemorando que a última pessoa do seu grupo havia aparecido, que todos estavam bem e que eles já iriam embora. Olhei com cara de desolada, imagino, porque ele se aproximou e me perguntou como eu estava.

— Em busca da minha amiga desaparecida.

— Já ligou para a embaixada do seu país?

Era mais um solidário que estendia seu celular. Aceitei, mas, quando vi que não se sabia nada sobre Marie na embaixada, comecei a ficar mais preocupada. Dei meus dados, pensando que ela faria o mesmo. Mas... por que não se comunicava?

Resolvi tomar coragem e me dirigi ao principal hospital da cidade. Havia uma lista de nomes na porta. Nada. Cheguei perto da entrada e vi várias pessoas, turistas, com adesivos nas roupas mencionando os idiomas que falavam.

Deixei mais uma vez o nome e os dados dela. Mas, assim como nas mesas da escola, era só mais uma das tantas listas que estavam sendo elaboradas. Pura boa vontade daquelas pessoas, mas provavelmente sem muita possibilidade de surtir algum efeito.

Nessa hora, senti como se algo muito errado estivesse acontecendo. Me sentei numa cadeira sem forças. Sozinha. Parecia não haver saída. Eu não podia desistir nem fraquejar. Não era uma opção, apesar do desespero que me tomou naquele momento.

Resgate
Marie Felice, Tailândia

O amanhecer ainda estava rasante quando desci e me juntei às malas, como quem quer ficar perto da minha amiga. Aquele bangalô me juntava a ela, e deixei meu olhar se perder no infinito que minha vista alcançava pelos restos de janela do quarto. Tentava encontrar as antigas cores, mas o horizonte escuro do mar sinalizava outra realidade.

O tempo seguia em tons de cinza, ora claros, ora escuros, e tudo era vazio. Os meninos vieram à minha procura contando que estavam sendo formadas filas para diferentes embarcações que nos levariam para Krabi, a grande cidade portuária. Praticamente todos os feridos foram atendidos até altas horas. Ouvimos helicópteros durante a noite e soubemos que era para deslocamento dos casos mais graves. Em suas vindas, traziam comida, água, remédios e paramédicos que continuavam na operação iniciada desde cedo no dia anterior. Os mais velhos e as crianças foram os primeiros a serem transladados ao grande navio em alto-mar que recebia os vários turistas resgatados das diversas praias que mais pareciam ilhas pelo seu isolamento. Assim que tivesse a lotação esgotada, o navio levaria todos para terra firme. Tive que ir, mesmo sem Deborah.

Meus novos amigos me acompanharam, levando nossas malas. Uma delas, a *"misvadá adumá"* (mala vermelha em hebraico, como falavam os meninos), estava cheia de comprinhas e tão pesada que foi motivo de piada, contribuindo para deixar o nosso espírito mais leve. A outra, menor, eu conseguia levar, bem como as duas mochilas com o nécessaire de cada uma e uma muda de roupa que havíamos deixado preparada.

Agora eu estava, com ajuda dos meninos, levando toda a história da nossa viagem e dominando meus pensamentos com cenas positivas. Imaginei que, em poucas horas, estaríamos dividindo as memórias, como sempre fazíamos na volta das viagens, quando espalhávamos tudo na cama de uma das casas, tirávamos fotos e então começávamos a recontar as histórias que davam significado a cada uma das peças. Era como viajar de novo.

Mas a realidade me desafiava a entrar no navio e navegar por aquele mar: era o único translado possível. Dominei o medo enquanto outros, mais traumatizados, se debatiam, recusando-se a se aproximar da água. Com muito apoio dos locais gentis, um a um subimos no barco, carregando as bagagens, e depois embarcamos no navio. O trajeto foi todo sacolejado por aquele mar de ressaca, mas chegamos à terra firme.

Segundos de esperança

Deborah, Tailândia

A cidade de Krabi estava cheia de gente, estrangeiros de todos os lugares do mundo, que, assim como eu, buscavam por alguém. Em uma espécie de bar, pedi novamente que alguém com um celular me deixasse fazer uma ligação para o Brasil. Encontrei mais um ser solidário. Resolvi pedir à minha mãe que ligasse para a empresa onde eu trabalhava, a GE HealthCare. Afinal, uma multinacional de tamanha proporção devia ter escritórios na Tailândia e certamente teria como me ajudar, mesmo que naquele momento eu pedisse ajuda para a amiga desaparecida e não para mim, a funcionária. Me deparei com a solidariedade da empresa também. Só de pensar que podia contar com essa possibilidade, me senti respaldada.

Ainda andando pela cidade, cruzei com um moço com uma camiseta do Flamengo.

— Brasileiro? — perguntei, como quem quer encontrar um igual, empolgadíssima.

— *Oh, yes, I've been to Brazil and...*

Deixei o homem falando sozinho, desapontada.

Entrava em vários hotéis perguntando por ela; quem sabe não teria ido até ali e se hospedado em algum? Em um deles, a atendente da recepção respondeu *"yes"* quando perguntei se Marie Felice Weinberg estava hospedada.

— *YES? You said YES?*

E a moça continuou dizendo "*yes*" — até que percebi que "*yes*" era a única palavra que ela sabia em inglês. Foi-se o segundo de esperança.

Elos de ajuda

Marie Felice, Tailândia

Quando cheguei ao porto de Krabi, vi uma cena capaz de minar qualquer esperança: pilhas de sacos pretos cheios de mortos chegavam dos barcos e eram levados pelos caminhões que estavam esperando sua vez para o carregamento. Caí num choro e fiquei me perguntando se minha amiga estaria ali e para onde estavam levando aqueles não-sei-quem.

Os meninos me levaram para longe, me explicaram o que haviam aprendido no treinamento obrigatório do exército a fazer nessas situações e me direcionaram para onde elaboravam as listas com nomes de pessoas desaparecidas. Entrei em uma fila para dizer que existia, em outra para procurar uma viva, em outra para procurar uma ferida e em outra ainda para procurar uma morta sem documento. Em qual delas eu teria o reencontro desejado?

Eu estava cada vez mais perturbada, e os meus guardiões intercederam por mim até soletrando meu nome e me ajudando a não pensar no pior. Depois de examinar todas as listas, pensei em seguir para os hospitais, mas me explicaram a inviabilidade de encontrar uma pessoa dessa maneira e naquelas condições.

Tentando me acalmar, meus amigos israelenses começaram a brincar de adivinhar o que poderia ter na *misvadá adumá*. De tão pesada, só poderia conter coleções de diamantes e pérolas, o que também parecia se comprovar pela minha preocupação em não a perder.

Eu ainda não conseguia falar, tinha acessos de choro e meu raciocínio era vacilante. Precisava de amparo, e os meus amigos se mantiveram fiéis. Eles me ofereceram um almoço tardio — que, mesmo sendo minha primeira refeição no dia, eu pouco consegui comer —, conversaram sobre a experiência de cada um em situações extremas e me convenceram a segui-los à capital. Antes disso, em meio ao caos, fomos ao aeroporto, porque imaginei que seria por onde Dedé passaria, então deixei um recado vinculado à passagem dela, dizendo que eu iria de ônibus para Bangkok, cidade onde poderíamos nos reencontrar, e que a viagem teria duração prevista de dez horas.

Antes de embarcar, enfim consegui emprestado um telefone com conexão e mandei uma mensagem de texto para meu filho Dany, que estava em Ilha Comprida. Tempos depois, descobri ser difícil chegar mensagem lá por falta de sinal, mas eu seguia com o propósito de manter o pensamento positivo, embora sentisse a cada hora que passava que estava sendo rasgada por dentro. Ronnie, meu filho caçula, morava em Miami e nada poderia fazer; talvez ele não soubesse de nada e eu não queria preocupá-lo. Para quem mais poderia ligar? Eu sabia poucos números de memória — e ela estava bem confusa. Um número que eu lembrava era o da mãe da Dedé, que certamente era alguém com quem eu não queria falar, pelo sentimento de solidariedade como mãe. Se eu, que estava do outro lado do mundo e deveria estar com ela, não tinha notícias, o que dizer para uma mãe? Outro que sabia de cor era o de uma amiga próxima que havia ajudado na minha dissertação e participado da banca de defesa. Tentei ligar, mas ninguém atendeu. Ela, que sempre teve rodinhas nos pés, não perderia a chance de viajar para as comemorações de fim de ano. Senti o isolamento, como se o tsunami tivesse me arrancado da vida que me era familiar.

Executiva sem elegância
Deborah, Tailândia

Exausta de andar por tantos lugares em Krabi, mas sabendo que não tinha tempo a perder, pedi a um mototáxi que parasse. Expliquei que precisava ir ao aeroporto e que só tinha dois baht. O rapaz disse que não poderia me levar por tão pouco. Fingi que não entendi, subi na moto e mandei o rapaz seguir em frente. E ele seguiu. Em situações-limite, não há elegância que perdure.

O aeroporto estava lotado de pessoas aflitas, confusas, com dificuldade de comunicação por conta do idioma. Seria impossível achá-la. Quando consegui chegar até um atendente da companhia aérea que falava inglês, soube que ela não havia alterado sua passagem e nem havia embarcado. Nenhum recado me foi entregue. Fui informada que um hotel estava recebendo os resgatados e que as embaixadas de vários países estavam lá presentes para providenciar documentos provisórios a quem necessitasse. O moço do mototáxi não só me levou até lá como me esperou e me levou àquele hotel. Outra alma solidária — embora de início um pouco à força, nesse caso.

O hotel era desses grandes, que recebem grupos e eventos empresariais. Toda a área de eventos havia sido transformada em um grande quarto, com uns duzentos colchões pelo chão e pessoas recém-saídas de hospitais à espera de documentos ou transporte para o aeroporto.

Entre os vários sussurros aflitos, lembro-me de ouvir o choro vindo de um grupo de pessoas que se abraçavam. Imaginei que haviam perdido alguém. Uma cena de guerra.

Nas laterais da sala, havia mesas com arroz e outras comidas. Fora dos salões, as embaixadas estavam organizadas. Talvez a que tivesse menos movimento fosse a do Brasil. Perguntei para as pessoas que representavam a embaixada brasileira se havia notícias da minha amiga. E, mais uma vez, nada. Preenchi um questionário que serviria provisoriamente para viajar sem documentos e espalhei cartazes com o nome dela. Àquela altura, começava a duvidar da minha intuição, que antes tinha me contado de maneira tão convicta que tudo daria certo.

Os anjos na sinagoga: Beit Chabad

Marie Felice, Tailândia

Eu e os meninos seguimos viagem para Bangkok, parando em várias cidades, enquanto eles amaciavam meu caminho, protegendo minha alma dos maus pensamentos. Durante o percurso, quiseram saber um pouco mais sobre mim, contaram das suas peripécias na viagem, e o tempo foi passando. Quando houve uma parada mais demorada, com direito a jantar do motorista, já havia escurecido. Como a jornada ainda seria longa, resolvemos descer e demos de cara com uma TV que noticiava que o epicentro do tsunami tinha sido muito longe dali. Ficamos sabendo que tudo o que tínhamos vivido era parte de algo maior, inimaginável, e uma nova explosão de choros se seguiu, tornando aquele fio de esperança ainda mais frágil. A angústia me tomava.

As imagens eram horríveis, incontáveis cenas de diferentes áreas devastadas dando noção de uma enorme tragédia. Não entendíamos as legendas, com suas letras curvilíneas, e ninguém naquele lugar falava uma palavra de inglês para nos traduzir. Mostraram um mapa indicando Sri Lanka e, mesmo assim, não conseguíamos imaginar que se tratava do mesmo evento. Então, o melhor era seguir viagem sem especulações. Chegamos pouco antes do amanhecer em Bangkok, e meus amigos, que conheciam a rodoviária e seu entorno, deram as diretrizes para irmos a uma sinagoga com albergue e tudo. Parecia óbvio que eu continuasse junto e, assim, eles seguiram alternando o carregamento da *misvadá adumá*.

A cidade estava igual, arrumada e limpa, e todos dormiam calmamente, já que o mar não passava por ali. Quando percebi, estávamos diante do mesmo hotel em que eu e Dedé havíamos ficado quando chegamos 22 dias antes, em frente à sinagoga do Beit Chabad em que acendemos as velas de Chanucá. Reencontrar aquela mesma sinagoga serviu de alento: será que um milagre aconteceria?

A sinagoga do Beit Chabad de Bangkok foi referência para muitos que sentiram a catástrofe na região. O jovem rabino local, ao início do amanhecer, já estava de prontidão e nos acolheu, acalmando-nos e oferecendo, além do abrigo, da comida e do albergamento, a comunicação por telefone e internet, o que transformou os momentos de desespero em possibilidades. O apoio que recebemos permitiu não somente a superação física da catástrofe, mas o reequilíbrio emocional nosso e dos demais sobreviventes que ali chegaram buscando ajuda. Essa acolhida foi muito importante.

Naquele momento, todos precisavam passar uma água no rosto para tentar arrancar os vestígios e odores de mar, areia e lama ainda impregnados. Fizemos preces de agradecimento, mordiscamos umas frutas (apesar da fome, sentíamos um pesar no estômago), e logo que pude me sentei na frente do computador para divulgar por e-mail o número de telefone de onde eu estava. Para minha surpresa, assim que abri a caixa de entrada, recebi uma mensagem de minha cunhada do coração: "Já temos notícias dela. Cadê você?".

Eu estava sozinha naquele momento e não pude compartilhar com ninguém que o milagre era possível. Embora não soubesse em que condições ela estava, evitei o pensamento negativo e imaginei o abraço do reencontro com gosto de acolhimento na alma. Respondi a mensagem imediatamente e espalhei aos meus contatos a minha existência. O improvável acontecera.

Achamos a Marie

Deborah, Tailândia

No hotel que recebia os resgatados em Krabi, escolhi um dos colchões dispostos no chão daquele grande salão e me acomodei. Tentei dormir, mas era impossível. Levantei-me esbaforida e pensei que deveria ligar para o Brasil, já que era dia lá. Eu precisava de ajuda. Novamente pensei em acionar a GE. Onde conseguiria um telefone? Pedi na recepção do hotel, mas se recusaram a me emprestar. Até entendi, dado o número de pessoas que poderiam ter a mesma ideia naquela situação.

Voltando desolada ao salão, avistei um rapaz com um celular na mão, sentado numa cadeira. Parecia local, mas era vietnamita. Devia ter uns vinte e poucos anos, meio mirrado, com olhos de compaixão. Não lembro seu nome, mas jamais me esquecerei dele, que saiu de seu país para ajudar os sobreviventes. Quando me aproximei e perguntei, com a voz trêmula e constrangida, se poderia fazer uma ligação, ele prontamente disse que sim.

— Mas é para o Brasil.

Todas as que eu quisesse fazer, disse ele.

Solidário e generoso, ele se prontificou inclusive a não me deixar sozinha, percebendo meu desalento. De todos aqueles que cruzaram meu caminho, esse sem dúvida foi o que mais esquentou meu coração. Perguntei se ele se incomodaria que eu passasse seu número para a minha mãe, assim, teriam como me contactar.

Liguei para colegas da GE, nessa altura já em desespero, e para os poucos outros números que eu lembrava, deixando aqueles com quem consegui falar quase mais aflitos que eu. Alguns quiseram mandar um helicóptero para me buscar. Claro que não aceitei. Não podia sair sem ela.

De repente, o telefone do rapaz começou a tocar com ligações para mim. Meu irmão havia chamado a Rede Globo na casa dele para dizer que não era verdade a notícia entregue pela embaixada brasileira na Tailândia de que não havia brasileiros no local atingido. E ainda tinha mostrado fotos minhas e da Marie. Pronto. Agora o mundo sabia.

Um amigo, que eu considero "aquele que sempre, em qualquer circunstância, estará lá comigo", me ligou oferecendo tudo e qualquer coisa de que eu precisasse. Mas a ligação mais difícil daqueles dias, a que realmente tirou o meu chão, foi com o filho mais velho da Marie, Dany. Tão querido, nos sentimos como irmãos.

— Mana, você foi ver nos hospitais?

— Sim, sim, fui em todos, olhei todas as listas! O nome dela não está em lugar nenhum!

— Mas você foi em hospitais nessa cidade. E se ela estiver em outra cidade?

Não havia me ocorrido aquela possibilidade.

— Você acha que ela estava com documentos na hora do tsunami?

— Não...

— E se ela estiver inconsciente? Como saberão que é ela? Não havia me ocorrido aquela possibilidade.

— Mana, acho que você vai ter que ir ver com seus próprios olhos.

— Você diz entrar nos hospitais e ver os pacientes???

Nunca me senti tão solitária. Tão indefesa. Eu podia aguentar um monte de coisas, mas não me sentia capaz de encarar isso. Imaginei a cena de macas de hospital com pessoas em sofrimento, em pedaços, ou simplesmente desacordadas. Será que ela estaria ali? Machucada? Inconsciente? Viva? Mas não havia outra alternativa nem ninguém mais para dar conta dessa tarefa. Fiquei em pânico.

O vietnamita estava se organizando para ir a Puket assim que o dia clareasse, para ajudar por lá.

— Vou com você. Quem sabe ela está lá.

Senti a exaustão, me vi pequena, sozinha, triste. E disse ao meu novo amigo que ia tentar dormir um pouco. Se alguém ligasse, ele saberia onde me achar.

Não demorou muito. Ele veio até meu colchão, dizendo que era mais uma ligação do Brasil, que parecia urgente.

— Achamos a Marie.

Laços inesperados

Marie Felice, Tailândia

Olhando fixamente minha caixa de mensagens, começou a corrente de boas notícias. Mensagens quentinhas de apoio e até ofertas de transferências bancárias foram pipocando na tela, acolhidas de vários cantos, de várias turmas e surpreendentemente de amigos quase esquecidos; eu estava mais fortalecida quando fui chamada para atender um telefonema.

Era a Dedé! Gritei de alegria e todos se juntaram ao meu redor. "Alô" foi a única palavra possível, e nada mais saía da minha garganta. Ela também não respondeu, só ouvíamos a respiração uma da outra e balbuciávamos risos chorosos.

Depois do silêncio, pedi ajuda para explicarem a ela sobre o acesso à passagem aérea e marcamos o reencontro no quarto do hotel em Bangkok, onde já tínhamos ficado. Espalhei por e-mail a notícia de que o reencontro era uma questão de horas.

As ligações para o Brasil se seguiram, à procura de um contato com os meus filhos, e um dos poucos números que minha cabeça conseguiu resgatar foi de uma amiga que me ajudara no mestrado e que não tinha atendido antes. Sim, ela estava viajando, mas sua funcionária atendeu o telefone e, sabendo do ocorrido, ficou incrédula ao ouvir a minha voz e aceitou a incumbência de tentar o contato com meu filho. Era uma sensação de ter voltado ao mundo! Esse momento parecia cicatrizar aquela dor lancinante que sangrava silenciosa, dominada pelos maus pensamentos e alimentada pelo raciocínio óbvio. As horas passadas sozinha e perdida haviam sido desoladoras. Exausta, segui para o hotel, onde dei entrada sem dinheiro ou burocracia e pude chegar ao quarto no qual eu esperaria por Dedé. Depois de três dias, foi um alívio entrar num chuveiro, e assim percebi que estava com um dos ouvidos entupidos de lama porque, quando lavado, o som abafado se foi. Uma toalha seca, um creme e uma roupa limpa. Era como ganhar a vida de volta. Caí na cama e acordei com o toc-toc de batidas na porta.

Traveling light
Deborah, Tailândia

O vietnamita me deu um papel com o número de telefone que eu poderia usar para falar com minha amiga. Meus dedos tremiam ao digitar. Errei algumas vezes. Quando atenderam, pedi para falar com a Marie, ainda incrédula de que ouviria sua voz. Foi uma ligação rápida e entrecortada por uma mistura de excitação e soluços.

Depois de eu ouvir a voz dela e ela a minha, um homem me explicou que eles estavam no Beit Chabad de Bangkok. Sim, o mesmo em que acendemos as velas de Chanucá. Era como se aquele peso finalmente pudesse sair de mim, das minhas costas. Ela estava viva, bem, em segurança.

Sem saber como agradecer meu amigo vietnamita, me despedi com um sorriso que não cabia no rosto. Ele, com seu olhar especial, me desejou sorte. O hotel disponibilizou uma espécie de ônibus aberto, desses de city tour, para que os resgatados pudessem ir ao aeroporto local de Krabi, lotado de pessoas voltando para Bangkok, e que de lá partiriam para seus destinos. As companhias aéreas não exigiam passagem nem documentos. Apenas colocavam seus aviões a serviço para que as pessoas saíssem o mais rápido possível.

E lá fui eu, com minha roupinha de menino, meu chinelo, minha sacolinha (o pão eu já tinha dispensado) e nada mais. Foi estranho passar o saquinho pelo raio X.

Ao meu lado no avião, sentou-se um moço alto.

— *Traveling light?* — perguntou ele.

Dei uma risada. Eu parecia mesmo alguém que tinha saído de casa para comprar pão e foi parar num avião.

Ele me contou que vinha de Koh Phi Phi e que lá havia montado um hospital de improviso para todos os que tinham se machucado. Era um paramédico inglês e pôde ajudar várias pessoas afetadas na ilha. Pegou lençóis e colchões dos vários hotéis, materiais de primeiros socorros e cuidou de muita gente enquanto o resgate não chegava. Tinha uma máquina fotográfica e me mostrou fotos das ondas se aproximando da ilha. Nem pareciam tão grandes assim. Em seguida, mostrou as fotos do local depois da devastação. Impressionante. Inacreditável. Apenas dois dias antes desse momento, eu estava naquela ilha, linda como ela só.

Mais tarde, ficamos sabendo que se tratava do maior terremoto registrado em um sismógrafo, com duração de até dez minutos, um dos cinco maiores dos últimos cem anos. O movimento gerou uma série de maremotos que atingiram quatorze países, e comunidades costeiras foram inundadas com ondas de até 30 metros de altura. Sua força fez com que o planeta inteiro vibrasse e se deslocasse em 1 centímetro, provocando alteração na rotação da Terra. O deslocamento provocado por esse evento foi calculado em cerca de 1.200 quilômetros de comprimento. Em condições normais, as placas movimentam-se 1 milímetro por ano. Era disso que se tratava. Era desse tamanho. Sobrevivência bíblica.

Toc-toc!
Deborah, Tailândia

Era 28 de dezembro. Dois dias depois da minha quase morte, 48 horas que pareceram durar anos.

Ao chegar em Bangkok, me despedi de meu amigo inglês e fui direto para a sinagoga do Beit Chabad. Nem lembro como paguei aquele táxi ou se paguei. Entrei correndo perguntando por Marie Felice. Ela estava no hotel em frente.

Entrei às pressas, e o moço da recepção já sabia que eu estava a caminho. Me informaram o número do quarto e subi a trezentos quilômetros por hora.

Bati na porta.

Quando ela abriu, teve um ataque de riso e tirou fotos do meu *outfit*. Nos abraçamos e choramos. As malas! Ela tinha trazido as malas! Estava com o meu cartão de crédito — ela nem tinha se dado conta disso. Agora estávamos ricas! De indigente, virei uma pessoa com recursos e roupas.

Praticamente viramos a noite falando. Fui tomar banho, e ela ficou sentada na privada me contando cada detalhe. Ela contava, eu contava. Para onde uma ia, a outra ia também. Juntas. Era inacreditável que estivéssemos ali. Tudo parecia meio surreal.

Falei com a minha família; agora já podíamos comemorar e estávamos em puro estado de euforia. Em seguida, entrei em contato com a embaixada para dar baixa no nome da Marie, que ainda estava dada como desaparecida.

O filho mais novo dela, o Ronnie, ligou pedindo detalhes:

— Conta tudo, Mamalê.

E ela passou um tempão descrevendo seus dias. Depois, ele pediu para falar comigo. E lá fui eu dar a minha versão. Não tínhamos ideia de que a Rede Globo estava gravando tudo o que dizíamos. No dia seguinte, soubemos que o *Jornal Nacional*, que havia entrevistado inicialmente meu irmão, estava agora dando a matéria do "reencontro das duas amigas". E com requinte, porque eles acharam uma foto mais antiga, em que estávamos nos abraçando. A partir daí, recusamos vários convites de entrevistas. Tudo era tão avassalador que a única coisa que nos interessava naquele momento era a nossa privacidade. Era um momento íntimo. Tudo ainda doía.

Depois de um cochilo, fomos ao encontro dos meninos israelenses que cuidaram de Marie em Railay até chegar a Bangkok. No almoço oferecido pelo Beit Chabad, fui recebida como uma velha conhecida e ganhei sorrisos e muitas fotos. O rabino de plantão, único que não havia se deslocado para as regiões afetadas para proporcionar ajuda local, fez para nós uma cerimônia de renascimento e batismo. Dia 26 de dezembro passava a ser nossa nova data de nascimento.

Juntas

Marie Felice, Tailândia

Quase desmaiei quando a vi. Deborah estava um trapo, segurando um saquinho com papéis e todos os seus pertences — ou seja, nada. Demos um abraço memorável seguido de um longo silêncio, só quebrado pelo choro de alegria e por um ataque de riso. Ela também merecia um banho.

Depois de uma longa noite de conversas e reconexões intermináveis, dormimos um pouco. Um sono reparador, como só um coração cheio é capaz de fazer, entrecortado por várias chamadas.

No dia seguinte, atravessamos a rua em direção à sinagoga, onde recitamos "Birkat Hagomel", uma prece de agradecimento pela recuperação de uma doença grave ou pela sobrevivência após um evento traumático.

BARUCH ATA A-DO-NAI E-LO-HÊNU MÊLECH HAOLÁM, HAGOMEL LECHAYAVÍM TOVOT SHEGMALÁNI KOL TOV

Bendito és Tu, ó Senhor nosso D-us, Rei do Universo, que concede aos culpados beneficência, pois concedeu a mim o bem.

Como manda o costume judaico quando se vence a iminência da morte, recebemos novos nomes e seguimos para o refeitório, em que os jovens israelenses nos esperavam para mais demonstrações de carinho. De tanto eu falar da Deborah, eles também ansiavam pelo encontro da amiga de todos. Ouvimos a visão dela a partir do mar, e em meus pensamentos lamentei ter duvidado de que poderia vir a reencontrar minha amiga de tantos anos, de várias viagens e muitas histórias ainda vivas. Todos exauridos pela tensão, enfrentamos o momento de despedidas pelo retorno de meus novos amigos a Israel. Trocamos e-mails, e o grupo marcou um reencontro para o ano seguinte, naquela mesma data, no Kotel (Muro das Lamentações), em Jerusalém. Mal sabia eu que minha saúde nos meses seguintes a esse desastre não permitiria uma viagem assim.

Passaporte escrito à mão
Deborah, Tailândia

Nossa passagem de volta estava marcada para 31 de dezembro e tivemos que passar ainda dois dias em Bangkok. Fomos à embaixada brasileira para que eu pudesse refazer meu passaporte. Lá, estavam todos de luto pela morte da consulesa e de seu filho. Uma moça chamada Juanitaa (há vários sons de "A" no idioma deles) escreveu à mão todas as informações no meu novo passaporte, com um cuidado e uma paciência memoráveis.

Bangkok já não parecia tão interessante, o desejo de voltar era enorme. Paramos num templo para fazer uma massagem tailandesa. Nosso último passeio na cidade foi regado a uma Coca-Cola servida num saco plástico e canudo, como forma de garantir a imediata reciclagem das latas. Aproveitamos para esvaziar a mala e deixamos várias roupas nossas para os tailandeses sobreviventes. Um gesto pequeno para aqueles que tanto nos cuidaram.

Nossa conexão incluía um dia em Paris, em pleno Ano-Novo. Passear lá também foi esquisito. Parecia uma cena de *Náufrago*, em que o personagem de Tom Hanks volta de seus quatro anos como desaparecido e é recebido com um coquetel de toneladas de comidas, que são puro desperdício. Para ele, depois de lutar tanto para sobreviver e se alimentar, aquela ostentação não cabia, e nós, no Marais, também não nos conectamos com sua gente descolada, restaurantes, cafés.

Ficamos um pouco aflitas ao saber que haveria imprensa quando chegássemos ao Brasil e não tínhamos a menor vontade de nos expor. Lembro-me de passearmos pelas óticas e comprarmos óculos escuros para nos escondermos detrás deles, caso fosse necessário. Como era uma sexta-feira, tivemos tempo de rezar o serviço de Shabat em uma sinagoga de origem portuguesa perto da Champs-Élysées. Até isso foi estranho.

Estávamos exaustas. O voo, em plena noite de 31 de dezembro, estava muito vazio, e pudemos dormir deitadas nas poltronas desocupadas. Em algum momento, recebemos uma taça de champanhe para comemorar a virada do ano, que, devido ao fuso horário, comemoramos ainda várias outras vezes naquele longo trajeto.

Uma das coisas que estavam na minha mala resgatada eram pequenos pingentes, que havíamos comprado em Bali. Bolinhas prateadas que traziam dentro uma espécie de guizo. Separamos uma para cada uma de nós e escolhemos algumas pessoas que gostaríamos de presentear. Coloquei o pingente e declarei que o som que ele emitia seria meu pequeno elemento recordatório para que eu jamais me esquecesse de ser grata simplesmente por estar viva.

Rumo aos abraços
Marie Felice, Tailândia

E assim, vivas em Bangkok, fomos enfrentar a burocracia do consulado e pedir um novo passaporte para a Deborah. Marcamos nossa volta ao Brasil, desistindo de conhecer o norte do país, e finalizamos nossa viagem no Oriente.

No avião, talvez embaladas pelas pérolas da champanhe, soltamos uma gargalhada quando brinquei que a Deborah só foi salva pelos novos peitos de silicone, que a fizeram boiar. A partir desse momento, mesmo que ainda bastante abaladas, entendemos que estávamos com a vida pela frente.

Fizemos uma parada em Paris, onde passamos o dia em meio a silêncios, tempo marcado por respiração profunda e cabeça rodando. Escolhemos subir as escadas da Église de la Madeleine, no centro histórico, quando ouvimos uns acordes do majestoso órgão, e isso foi mais um alento.

O nosso voo foi na noite do réveillon. Um 1º de janeiro que era de verdade um ano novo, de uma vida nova. Ao chegarmos, recebemos milhões de abraços e pudemos trocar, tocar, beijar, chorar e comemorar a vida. Muitos amigos vieram, além dos meus filhos, da mãe da Dedé e sua irmã e dos outros irmãos, e juntos seguimos para um almoço de família estendida. Era o momento de escolhermos o meio copo cheio, não ficar no vazio do que poderia ser se não tivesse sido, e começamos a contar e a escutar a experiência inominável.

O telefone de todos interrompia os discursos para novas falas de boas-vindas e novos reencontros a serem comemorados. Um dia de sentir pertinência e valor nos laços que cada uma construiu e que construímos juntas.

Festa à vida!

Deborah, Brasil

Como compartilhar a alegria com todas aquelas pessoas que ligaram, que se mobilizaram, que se preocuparam? Voltar era maravilhoso e queríamos estar com os nossos queridos, nossas famílias, nossos amigos, abraçá-los, sorrir com eles.

Sim, era uma tragédia e nunca poderíamos esquecer do que vimos, mas a nossa história era de final feliz. Era a festa à vida, não ao tsunami, não um velório.

Minha mãe aceitou que festejássemos na casa dela. Alugamos carrinhos de pipoca, compramos cachorro--quente e refrigerante. Uma festa de criança, de recém--nascidas. Era 13 de janeiro de 2005.

Decidimos vestir uma saia-calça que havíamos comprado em Cingapura — ela de roxo, eu de vermelho — e, claro, tínhamos nossos pingentes pendurados no pescoço. Fizemos um pequeno vídeo com todas as fotos da viagem e projetamos na parede. Bangkok, Bali, Cingapura, templos, comidas, pessoas, paisagens, palácios, mares, casas, gargalhadas, crianças. Marie teve a ideia de imprimir um marcador de livros para dar de presente a todos, com uma foto que eu tinha tirado de uma tailandesa em posição de agradecimento, as mãos juntas na altura do coração.

Mais de quatrocentas pessoas, no entra, chega e sai, passaram na nossa festa. Dissemos que essas mesmas pessoas teriam ido ao nosso enterro, mas estavam lá para aqueles abraços, olhares, flores, fotos, reencontros. Pessoas da vizinhança, amigos da vida toda, amigos recentes, amigos de amigos, pessoas do trabalho, amigas da minha mãe e do meu pai, amigos dos filhos, primos, sobrinhos, família do coração.

Deve ter sido um dos dias mais felizes da minha vida. Percebi que, mesmo pouquinho, é possível ter algum impacto na vida das pessoas.

Nas semanas seguintes, depois de me curar de uma pneumonia decorrente da água que aspirei, fui voltando à vida normal. O trabalho sempre me colocou no prumo. Hoje entendo que vivi um período de euforia. Meio deslocada da realidade, mas, sem dúvida, um tempo que lembro com saudades. Tudo tinha prazer e leveza.

Um amigo me contou um sonho incrível que teve comigo na noite de 25 para 26 de dezembro de 2004. Ele disse que eu apareci no sonho dele dizendo que estava indo embora, mas que voltaria. Acordou assustado e olhou para o relógio: eram duas da manhã no Brasil, exatamente a hora em que a onda bateu na Tailândia. Quando contei isso para minha irmã, ela me disse que também estava lá, porque acordou naquela manhã com o corpo moído dizendo para si mesma: "Algo terrível aconteceu essa noite. E eu fui usada para cuidar de alguém".

Mares internos
Deborah, Brasil

Os meses subsequentes ao tsunami foram de uma alegria desmedida. Eu estava viva e havia voltado inteira, íntegra, com minha amiga ao meu lado. Quanto agradecimento podia caber no meu coração? Me sentia privilegiada por ter sobrevivido.

Vivi uma paixão de virar os olhinhos, rápida e intensa, parecia uma adolescente. Eu, que havia renascido, estava pela primeira vez com a guarda baixa, sem defesas, como as crianças e os jovens.

E assim fiquei até que comecei a cair em mim, até me encontrar com meus medos, com as dificuldades, com a insônia, sem euforia, afinal. Fui parar num psiquiatra, e foi duro contar o lado obscuro, as dores que eu tinha vivido até aquele momento. Parecia que as lembranças amargas tomavam conta, despertavam velhas dores. O abandono do meu pai durante alguns anos quando eu era pequena causara um buraco que agora estava aflorado. Esse pai que encerrou sua vida voluntariamente, longe, também abandonado depois de tantas mazelas que viveu. Encarei os meus vazios, meus medos. Para que ter passado por tamanha prova? Eu me sentia fragilizada e sozinha, como naquele quarto em Krabi, quando vi na TV pela primeira vez as notícias sobre o tsunami.

Saí da consulta aos prantos e com uma receita médica. Entrei no caminho da química que estabiliza as emoções.

Remédios que nos ajudam e nos viciam, até o ponto em que já não sentia tanta dor e nem alegria, tudo era um pouco nebuloso. Mas a verdade é que não teria sido possível sem esse suporte, além da terapia. Tive que olhar para todos aqueles buracos que reapareceram trazendo angústia e desamparo, tão próximos dos sentimentos de quando emergi daquelas águas. Naveguei pelos meus mares internos, entre a ausência e a abundância de carinho. E, aos poucos, a vivência do tsunami foi sendo colocada numa caixinha muito bem guardada e trancada dentro de mim. Eu não queria acessar, tinha muito medo de voltar a sentir o que devo ter sentido naqueles minutos dos quais generosamente não tenho lembrança tão clara.

Em meio a essa turbulência interna, eu acompanhava aflita os desdobramentos que Marie enfrentava. Seu período de recuperação foi extremamente dolorido e com consequências físicas. Minha irmã de alma estava mais que fragilizada e, embora eu desejasse, não encontrava em mim força suficiente para ajudá-la a sair desse lugar.

Renovação
Marie Felice, Brasil

Os desafios físicos e emocionais não pararam quando aterrissamos no Brasil nem foram embora com a festa. Eu, que sempre busquei estar em sintonia comigo mesma, não conseguia dormir profundamente, e, a cada barulho, me levantava assustada, como se o mar estivesse por perto, ameaçando, surpreendendo, tirando a calma. Entendi que procurar ajuda especializada era urgente.

Mal cheguei e voltei para o apoio da minha terapeuta, de quem tinha tirado férias uns quatro anos antes, mas concluímos que eu precisava de um profissional especializado em traumas. A dor de alma esticava os dias, que ficavam longos.

Um mês depois de nossa chegada, o templo taoísta faria um retiro em pleno Carnaval, num espaço zen de um sítio muito especial, numa área montanhosa não muito longe da cidade de São Paulo. Deborah e eu fomos e ainda levamos mais duas amigas. Juntas, sentíamos a fortaleza do acolhimento, mas, no exercício do silêncio, nem sempre o riso era dominado. Nossos olhares peraltas da criança renasciam e estávamos agradecidas ao mestre taoísta que soube acolher essa nova energia. Na volta do retiro, incluí na minha rotina sessões de acupuntura estimulando pontos de energia diante da minha fragilidade.

Os dias seguiam, mas eu estava diferente, ainda não havia processado tudo. O acupunturista identificou a "síndrome de vento", o que, para a medicina oriental, é um prenúncio de AVC. Assim, deixou nas minhas pernas microagulhas em pontos terapêuticos para que eu ficasse fortalecida — e isso minimizou os efeitos do AVC, que realmente aconteceu alguns dias depois. Fui levada ao Hospital das Clínicas, e o turbilhão de exames começou. Uma amiga foi passar a noite comigo, e eu fiquei em claro, com medo de fechar os olhos e não acordar mais. Meus filhos chegaram da praia no dia seguinte e, ainda sem saber da gravidade, Ronnie, com toda a sua doçura, encostou sua cabeça na minha e dormiu. Será que ele foi falar com os anjos? Dany, o responsável e racional, logo foi procurar os médicos e tomar pé da situação. Depois que os resultados dos vários exames que fiz saíram, foi constatado o AVC e também um meningioma — um tumor cerebral —, que ainda não podia ser descartado como a causa. Lembrei-me daquela cena em que a espreguiçadeira veio voando me proteger durante a segunda onda. Será que tinha batido na minha cabeça e provocado o tumor?

Depois de três dias em que fiquei no HC, tive alta e minha rotina passou a ser de consultas médicas, mais exames e todo um processo que me levou a algumas cirurgias. Em meio a tudo isso, ainda descobriram pedras na vesícula.

O mundo estava desabando, e eu cada vez mais ficava paralisada e resignada.

O passo seguinte foi verificar o crescimento do meningioma e aceitar a intervenção na cabeça, com um corte no formato de uma tiara. Meus filhos acompanharam tudo com muito zelo e me dei conta de que já eram adultos. Saí da sala de cirurgia com duas trancinhas laterais e um curativo que mais parecia uma pequena coroa.

A recuperação foi longa — eu tinha dificuldades de fala, de raciocínio, de equilíbrio —, e os médicos exigiram um tempo de casulo, sempre acompanhada da Dedé, dos meus filhos, de amigos e de Marlene, que cuidava de ambas as casas há tantos anos. Com o olhar acurado, o neurologista clínico sempre me provocava dizendo:

— Onde está aquela Marie Felice? Traga-a de volta!

Ele percebeu no meu desalento uma depressão e o início da síndrome do pânico, exigindo um acompanhamento para além das terapias. Foi difícil me livrar dos remédios tarja preta, e quem estava ao meu lado viu e sofreu também. Uma fase mais difícil de todo tratamento, mas, para quem já voltou para a vida uma vez, era café pequeno.

Levei quase dois anos para conseguir voltar a dormir com tranquilidade. Um período com diálogos muito duros com Deus e que pediam respostas ou clamavam por brandura e choravam o desamparo de sua ausência ou do ensinamento árduo. Errei tanto? Revi meu caminho tão cheio de percalços. Fui rígida também comigo, e no meu corpo estão riscados os impactos. Será que hoje eu escuto, vejo e sinto mais os sinais?

No período de dor que eu enfrentaria por longos meses depois de retornar da Tailândia, meus sonhos já realizados tiveram as cores esmaecidas, mas estavam gravados em porta-retratos e serviam como um lembrete e um alento especial. Assim que entrava na sala de minha casa, pululavam como fogos de artifício, vindos de várias direções, registrando grandes celebrações que marcavam anos, décadas e muito mais. Reiteravam também minha ancestralidade, em imagens com roupas e cabelos de outras épocas, marcando a falta dos que já se foram e de outros que se distanciaram. Em tempos lúgubres — como durante a pandemia de Covid-19 —, pude me refestelar com a coleção de fotos pelos labirintos da minha casa-caverna. Fotos sem tempo e que voavam pela geografia poética do nosso planeta. Em algumas prateleiras, vejo pinturas feitas pela natureza caprichosa em seus tons e sobretons de verde, azul, rosa e vermelho, às vezes do fogo, do mar, do céu e até dos sorrisos de animais que se misturam na paisagem, mas a maioria traz flagrantes de momentos marcantes com pessoas que deram sentido à minha vida, como noras que me presentearam com netas e todo o mundo feminino.

Continuei procurando forças para recomeçar e atividades que me ajudassem a vislumbrar algum caminho. Em 2008, uma das minhas sobrinhas, que ganhei por parte do casamento que não existe mais, foi uma chave importante no processo de volta ao mundo de fora. Ela precisava de alguém para ajudar a montar e administrar sua loja de brinquedos educativos, e ofereceu a oportunidade para mim, apostando na reconstrução da minha dignidade. Sua presença na minha vida é uma das mais lindas pérolas. Viva a possibilidade de uma nova profissão!

Um recomeço.

Reescrevendo a história
Deborah, Brasil

Foi o Carlos quem me apresentou ao mar novamente. Eu o havia conhecido numa festa, lembro como se fosse hoje o momento em que aqueles olhos azuis-piscina se debruçaram sobre mim. Estávamos no fim de 2005.

Nossa primeira viagem foi para a praia de Camburi, onde ele alugava uma casa "pé na areia". Chegamos à noite e pegamos no sono com o barulho do mar. Acho que dormi com um olho aberto e outro fechado. Na manhã seguinte, fomos juntos passear na praia. Ele foi mais que delicado, cuidadoso com o meu reencontro com aquela imensidão que, na verdade, eu amo. Sou pisciana e — lembra? — filha de Iemanjá.

Descobri que meu incômodo se instalava quando eu "vivenciava" a força das águas. Em uma ocasião, caí num choro desenfreado quando estava numa pequena cachoeira. Entendi que podia ir ao mar, podia fazer *snorkeling*, podia nadar. Só tinha que ter certeza de que eu era mais forte que as águas.

A família de Carlos vinha da Síria, de Aleppo, respeitada e muito considerada para a comunidade judaica sefaradi. Ainda que os judeus sefaraditas tenham hábitos muito diferentes dos europeus — que é a minha origem —, nós dois tínhamos muito em comum. Penso que já devíamos ter nos cruzado muitas vezes, mas não devia ser a hora certa.

Amante dos vinhos e da boa cozinha, ele mesmo é um excelente cozinheiro. E foram cinco quilos a mais no primeiro ano de namoro. Antes que me apresentasse para a família, me contava dos jantares de Shabat que sua mãe fazia todas as sextas-feiras. Eu não via a hora de conhecê-los e de provar os tais pratos da Dona Frida. Ao mesmo tempo, tinha receio de que a família me achasse muito "diferente" — uma judia só por parte de mãe, ashkenazi, pai italiano, toda independente e meio modernete. Por sorte, me enganei. Leon, meu sogro, adorava me observar enquanto eu me deliciava nos jantares. E que barulhentos são, falam todos ao mesmo tempo de diferentes lugares da mesa. E eu adoro.

Demorou um pouco para Carlos se acostumar com o meu ritmo de trabalhadora contumaz. Ele sempre teve uma vida muito mais calma nesse sentido e, com sua tranquilidade, amolece minha casca, me traz um chão seguro. Me cuida do seu jeito tão particular, me faz sentir pertencente. Construímos nosso canto, nossa família. Nossa casa é quentinha e receptiva para aqueles que escolhemos. E com ele veio o presente da maternidade, com o nascimento da nossa filha Nina.

Fui uma grávida nas nuvens. Era a mulher mais linda do mundo. Clichê, pode ser, mas pode haver algo mais poderoso do que ter um pequeno ser crescendo dentro de você? Uma mulher me disse que, quando estava grávida, interrompeu uma conversa com uma amiga:

— Calma, um minuto. Estou fazendo uma orelha agora.

Mãe aos 43 anos, foi uma dádiva ter meu bebê no colo, amamentar, ver crescer um amor que não se compara a nada que eu havia conhecido. A agora pré-adolescente me traz em sua jornada um aprendizado permanente e, mesmo nas horas mais desafiadoras, esse amor vence.

A profissional não ficou de lado. A experiência do tsunami modificou a minha postura, me dando a possibilidade de ser mais afetiva, mais solta e menos "encaixada" no padrão que se vê no mundo corporativo, mais criativa e mais feliz nas trocas que ocorrem no dia a dia do trabalho. O caminho segue em desenvolvimento, e hoje atuo como CEO de uma empresa da área de saúde. Cabe ser CEO e ser feliz? Cabe. E enfrentar o desafio de liderar uma empresa em meio à pandemia e ter a chance de retribuir só um pouquinho essa generosidade que a vida tem me oferecido? Sim. Cabe ser profissional e mãe. Mãe presente, que consegue ir aos eventos da escola e participa ativamente do desabrochar de um novo ser.

Recentemente estive num curso de liderança nos Estados Unidos. A história da minha sobrevivência acabou sendo abordada e, quando a contei, um colega de curso, de Taiwan, desabou num choro ao compartilhar que sua irmã havia morrido muito perto de onde eu estava. Ele disse que, antes de ser levada pelas águas, ela conseguiu erguer e colocar sua filha de seis anos numa árvore e salvá-la. Não posso descrever meus sentimentos desencontrados, a culpa por ter sobrevivido, a tristeza em imaginar o que aquela pequena criança sentiu ao ver sua mãe desaparecer. Especialmente sendo mãe. Valorizo mais ainda a completude que a maternidade oferece.

A experiência da sobrevivência trouxe a oportunidade de equilibrar, de trazer outros ângulos, de incluir a espiritualidade. Estando mais presente, minhas habilidades como líder mudam diariamente. Vejo o todo ao mesmo tempo que consigo enxergar o indivíduo, algo que não teria sido possível para alguém tão ensimesmada. Hoje me permito outros fazeres e amores, que para mim são fonte de alegria e força. E me fazem crescer, me desafiam, me mostram constantemente novas possibilidades.

A cereja no meu bolo
Marie Felice, Brasil

Ouvindo uma prédica, relembro as escolhas de minha vida e constato que foram diferentes das da maioria. Eram escolhas que me pareciam as únicas possíveis. Um caminho na direção da descoberta, um convite ao entusiasmo, àquele lugar que estica o olhar e faz os olhos brilharem. Talvez faça parte de um acordo de alma, que fiz comigo mesma por uma lealdade a uma verdade interior. Talvez.

Voltei a escutar as palavras que falava o rabino...

— Ele não escolheu aquele caminho onde havia a possibilidade da volta! Quando você se liberta, não dá para voltar ao conforto da escravidão.

Simples assim, tal qual o conforto da casa, da comida, da rotina, das verdades conhecidas. O anseio pelo autoconhecimento bate como um tambor com vigor, inquieto, exalta palavras de avante e assim sigo.

Quando se coloca a luz, torna-se impossível fingir que não se vê. E eu ainda encontro dificuldade em lidar de maneira suave com aqueles que se escondem nas semiverdades.

Não fui forte o suficiente para mudar o rumo da minha vida. Uma vez eu li uma frase que dizia assim: "Eu não consegui planejar os infortúnios". Enchi de coloridos as alternativas, e as adversidades se abriram para outras saídas.

Em 2016, ao fazer um curso sobre Hannah Arendt na faculdade de direito da USP, conheci uma mulher inovadora como cientista política e mais ainda como a professora especial que fez desse curso uma jornada de autoconhecimento. Sentar e aprender filosofia numa sala de aula austera fez com que eu abrisse a minha compreensão de humanidade de maneira mais ampla, em que tudo era diferente e cheio de novas normas e etiquetas.

Depois de quase dois anos de curso, ouvi uma apresentação de um até então colega de sala de aula. Ele, uns trinta anos mais novo que eu, conjugou no seu texto jurídico uma canção do Bob Marley. Era uma desconstrução sensível e genial. Não percebi o que aconteceu dentro e fora de mim, mas ousei declarar para ele que o levaria para minha casa se não fosse tudo tão *fora da caixinha*. Ele veio com um:

— Por que não?

Essa história vem cheia de muitas coincidências. Duas pessoas de diferentes gerações ligadas por várias atividades comuns! Isso fazia outros sons reverberarem e abrirem novos interesses e alternativas de encontros. Meditar no mesmo templo taoísta foi outra incrível conexão! Conhecer e participar de uma constelação familiar já é singular por si só, mas, quando também é objeto de estudo e interesse comum, consagra novas proximidades. Seguimos aprendendo outro ritmo, outro tempo, outro jeito de ficar junto, tudo com delicadeza. Conversas iluminadas por demais, fragilidades compartilhadas, como as mesmas dores ancestrais e abraços que encorajaram a remover as paredes tão marcadas pelo ritmo das letras da tese que ele escrevia.

A luz começou a brilhar diferente, o amor se manifestou, e eu tive a possibilidade de viver uma nova relação. Foi pelo modo diferente como ele me olhou que fiz as pazes com minha singularidade. Amor fora da caixinha, tal qual eu.

Em sua tese de doutorado, ele me incluiu em letras maiúsculas nos seus agradecimentos como sua amiga, musa e companheira. Era oficial.

Foi um divisor de águas, mas o mais difícil era contar a todos a nossa decisão. Fomos calorosamente apoiados, apesar da diferença de idade.

Família escolhida
Deborah e Marie Felice, no mundo

Família escolhida é o termo que melhor define o que temos construído. Somos a família de origem, integrando os agregados e, em certos momentos, incluindo amigos que vão colorindo essa construção. Assim, temos reuniões, festas e datas comemorativas e cada vez um momento especial merece mais um porta-retratos.

Nem sempre foi assim. Por muitos anos, houve uma quantidade de olhares enviesados a nós como dupla. A família da Dedé e a do seu ex-marido não compreendiam essa proximidade. Não era um formato conhecido. A intensidade e o compromisso uma com a outra não eram coisas triviais. "Ela é tão mais velha que você"; "Será que são mais que amigas?"; "Sempre a Marie?"; "De novo a Dedé?"; "Não tem outra amiga?"; "Vai viajar com ela de novo?".

Um outro presente da sincronicidade que os acontecimentos trouxeram foi poder viver a fase vovó Marie ao lado da mamãe Dedé, que me chamou de madrinha da sua filha Nina. Esther, neta da Marie, filha de Ronnie e Vanessa, é só um ano mais velha que Nina. Parece uma ironia boa do destino, viver essa nova etapa tão incrível da vida em total harmonia. Nina e Esther são amigas e "primas de coração".

Viramos o Quarteto Fantástico: Marie, Esther, Deborah e Nina. Mas não um quarteto fechado: ele cresceu e virou sexteto com a chegada das netas por parte de Dany e Monica, a sapeca e doce Gabriela e a criativa Helena, com seus cachinhos dourados. E nós, amigas, mães, sogra, vovó, tias, comadres, dinda, executiva, nora, curandeira, administradora, palhaça, conselheira, pintora, namorida, bagunceira, cozinheira, viajantes, ainda somos duas mulheres e meninas que estão se descobrindo e crescendo juntas.

Dessa amizade que quase virou playground, os agregados e suas famílias foram compondo uma mesa de jantar e de festas que já não cabe em qualquer casa. A cada encontro, temos partilhado os prazeres da pertinência.

A pandemia nos ensinou que a distância dói. Em nossos reencontros, nos surpreendemos com o crescimento, trejeitos e gostares das pré-adolescentes, das novas grisalhas, dos carecas, dos que aprenderam novas habilidades gastronômicas. A família continua crescendo, com novos queridos que trouxeram novos olhares e novas gostosuras.

Escolher viver

Deborah e Marie Felice, no mundo

Aprendemos recentemente que "escolher viver" é uma mitzvá da Torá. Quando ouvimos o rabino falar essa frase, todas as perguntas de "por quê?", "para quê?" ficam sem sentido. Não importa. Importa a escolha. Importa que nos foi dada a oportunidade de seguir, e cabe a nós escolher como. E nos dar conta, todos os dias, de que sim, tivemos essa chance. E a vida segue. Várias vezes falamos que a benção de estarmos vivas depois de uma situação tão improvável e de limite nos instiga a retribuir ao universo num nível da mesma grandeza ou intensidade. Será suficiente?

Seja ouvindo a intuição e a alma, seja buscando ajuda ou enfrentando o improvável, com a cicatriz daqueles minutos do resgate no barco ou a sobrevivência na montanha daquela ilha, vivenciamos a força, o fazer dar certo, a convicção, a conexão com o Divino, o jogo de cintura, o pensamento lógico e prático.

Hoje, nos descobrimos diferentes. Nosso universo é ampliado.

Eu, Deborah, vejo Marie sendo mais responsável com cada palavra ou ação enquanto aceita que a fragilidade a faz mais acessível.

Eu, Marie, sei que Deborah colocou o outro mais perto, importante. Reconhece a partir de suas posições de liderança a possibilidade de transformar o coletivo por meio de um olhar humanista.

Juntas nos potencializamos no melhor de cada uma.

— Qual mala você vai levar?

— Cadê a vermelha? Como chamava mesmo? *Misvadá Adumá!*

— Põe biquíni? Vai fazer calor, né?

— Não sei! Na verdade, a única coisa importante é estarmos juntas.

Mais uma. A vida nos esperaaaaaa...

Anexo
Tsunamis e prevenção de desastres

Vinte anos se passaram desde esse que foi um dos mais devastadores tsunamis da história. O mundo se mobilizou. Foram mais de 14 bilhões de dólares em doações como ajuda humanitária para a recuperação desses povoados. Aceh, na Indonésia, foi a área mais afetada, com mais de 200 mil casas destruídas, 560 mil deslocados e 126 mil mortos. Logo após o desastre, o foco foi distribuir água potável, promover o saneamento básico, facilitar o envio de médicos e de parteiras e entregar medicamentos.

O Ministério das Relações Sociais da Indonésia e a agência da ONU forneceram assistência psicológica a 3 mil crianças que perderam os pais ou foram separadas de suas famílias. Mais de 6,5 bilhões de dólares foram investidos em sua completa recuperação, inclusive em 345 escolas resistentes a terremotos.

No aniversário de dez anos da tragédia, uma série de eventos homenageou os inúmeros afetados. Um novo parque foi inaugurado onde anteriormente havia milhares de cadáveres estendidos.

Especialistas não descartam que, sob a crosta do oceano Índico, nas profundezas do mar, ocorra outro potente terremoto capaz de gerar um tsunami com uma dimensão similar. Portanto, medidas de segurança foram implementadas na região. O Sistema de Alerta de Tsunami no Oceano Índico fornece alertas por meio de três centros de observação regionais, na Índia, Indonésia e Austrália, e de uma rede de comunicação de 26 centros nacionais de informações sobre tsunami. No total, 28 países gastaram 400 milhões de dólares em sistemas de alerta, como boias de controle do nível do mar e sismógrafos.

Prevenção é a única defesa possível para desastres assim. Educar as comunidades em relação aos sistemas de alerta para que saibam como se proteger continua sendo um grande desafio. De acordo com a ONU, até 2030, cerca de 50% da população mundial viverá em áreas costeiras expostas a inundações, tempestades e tsunamis. Por isso, o investimento em infraestrutura resiliente, sistemas de alerta precoce e educação é fundamental para salvar vidas, principalmente diante das mudanças climáticas, já tão presentes no nosso dia a dia.

Analistas consideram que mortes podem ser evitadas se os alertas ocorrerem com meia hora de antecedência à estimativa do evento. Ações simples como as descritas abaixo são fundamentais:

· Recolher todas as coisas valiosas, avisar o maior número possível de pessoas sobre o perigo, deixar o território às pressas.

· Esconder-se de ondas gigantes em montanhas ou áreas distantes da costa.

· Prestar atenção aos sinais indicativos para rotas de fuga.

· A primeira onda pode ser pequena. É preciso ficar em um local seguro por pelo menos duas horas até que o mar esteja completamente calmo.

Agradecimentos

Nossa convivência começou em 1989, na sala compartilhada de uma agência de propaganda. Um encontro primordial.

Seria impossível nomear todas as pessoas que foram fundamentais para que estivéssemos de pé após termos sobrevivido à tragédia do tsunami. Nossa família, que transcendeu os laços de sangue — a mãe e a irmã de Deborah, os filhos de Marie, o encontro com Carlos, a chegada da filha de Deborah e das netas de Marie —, foi e é sempre continente. Amigos e amigas de outros tempos e os que foram sendo agregados, que nos acompanharam nos momentos mais críticos e deram força para a retomada. E aqueles que deram tanta alegria que conseguiram até anestesiar essa dor. A sobrinha de Marie, que, em um momento de muita vulnerabilidade, ofereceu um recomeço. O trabalho dos terapeutas. O médico que tanto incentivou que o projeto deste livro fosse concretizado. E vários ouvintes de nossa história que nos estimularam a compartilhá-la de alguma forma. Os profissionais da escrita que nos orientaram na construção da narrativa.

Agradecemos os inúmeros gestos de amor nesta jornada.

FONTE
Merriweather
PAPEL
Pólen Bold
IMPRESSÃO
Lis Gráfica